園児・保護者
保育士みんなの
笑顔があふれる!

評判の保育園の始め方と経営改善術

Kinder Management

株式会社プラス 代表取締役
篠田英也

まえがき

保育園経営は誰でもできる

保育園経営に対して、あなたはどんなイメージを抱いていますか?

きっと「儲からない」「素人が参入するのは難しそう」と思っていることでしょう。


私は、静岡で4つ、新潟で3つの計7つの保育園を経営しています。

保育園の利益率は平均5%ほどですが、私が実現しているのはその3倍以上。

なぜ私がそのような高い利益率を達成できるのか、これから本書では詳しく解説していきます。


といっても、私は元々保育業界にいたわけではありません。

私は美容室の経営者でした。

東海エリアを中心に15店舗の美容室を経営していたのです。保育のことは完全にド素人でした。

そんな私でも、保育園を開設して、経営を軌道に乗せながら次々と新たな園を作っています。

保育園は、熱意を持って適切な準備さえすれば誰でも経営できるのです。


私は23歳のとき、「理美容師コンテスト」の総合部門で全国優勝(37代目)しました。これは当時の最年少記録です。

さらには、日本代表にも選ばれ、フランスのパリで開かれた世界大会に参加しました。そこで世界14位になったのです。

腕に自信のある美容師の多くは、都心の一等地に進出します。

全国に名がとどろくカリスマ美容師を目指すというわけです。

しかし、成功を夢見る実力派美容師が集まる都会は競争が激しい。ナンバーワンになれずに打ちのめされる美容師がほとんどです。

ところが地方は競争相手が少ない。

しかも、全国優勝した美容師はほぼいません。

ほかにも地方出店には

・都会より土地が格段に安い
・ネットよりリアルな口コミが追い風になる
・個性を売りにしてファンを作りやすい

といったメリットがあります。

これは、美容室に限らず保育園でも同じこと。成功する1つの手段として地方で開設するのも早道だと私は考えています。

「なりたい自分になれる人材」を育てたい

美容室を経営していたとき、私は壁にぶつかりました。

それは「人材」の壁です。

美容室は、専門学校卒の20歳の若者を採用してゼロから育てていく業界。美容室は事業拡大しません。美容師を育成せずして、美容室は事業拡大しません。

どうすれば人材を育成できるのか？

美容師として地域ナンバーワンになった私は、次は人材育成に本気で取り組みました。

しかし、若い人材をゼロから育て上げるのは、いかんせん時間がかかります。一人前のスキルが身につく前に辞めてしまう若者も少なくありません。

一時期はカリスマ美容師がもてはやされてしましたが、美容師はハードな割に稼げない仕事だと広く知られるようになり、なり手も少なくなってきました。

若手美容師がせっかく育ったとしても、最先端の都会へと挑戦の舞台を移してしまいます。都会のほうが稼げるからです。

それではどうすれば優秀な美容師に地方に残ってもらえるのか？

都会と同じか、それ以上の年収1000万円を稼げるような仕組みを作るしかない。これからの人口減少時代、そうしないと勝ち残っていけません。

私は、都会にも負けない人材の育成と利益を生み出す仕組みを地方で作っていきたいと考えました。

人材育成となると、美容業界では美容師育成の専門学校を作る会社が多い。私が参入する余地は大きくありません。

私が育てたい人物像を掘り下げていくと、「なりたいものになれる人材」。それで子どもに行き着きました。

しかし、小学校や中学校、高校を作るのは簡単ではありません。その子らしさを根幹から作っていくとなると、幼少期です。

それに、私は6児の父親です。

子育ての素晴らしさを実感してきました。

「人材育成」×「子育て」

この掛け合わせで保育園を経営することにしたのです。

都会だろうが地方だろうが、どこでも優れた人材を育成できることを証明したかったのです。

成功のカギとなる「キンダーマネジメント」

素人だった私がいきなり参入した保育業界で、なぜ成功することができたのか?

それは、人材のマネジメントに関してはプロだったからです。とりわけ女性スタッフが多い職場のマネジメントのノウハウを培ってきました。

女性スタッフが多いのは、美容室と保育園の共通点。

美容師は「お客さまのため」を思うピュアな人が多い。

保育士も「子どもが大好き!」というピュアな人ばかり。

美容室と保育園は別業界ですが、似ている面があるのです。

私は保育園を開設してから、女性スタッフの多い職場で効果的なマネジメントメソッドを「キンダーマネジメント理論」と名づけました。

「Ｋｉｎｄｅｒ（より親切、より優しい）」とキンダーガーデン（幼稚園）を組み合わせた造語です。

共感力や直感力の高い女性は、場の空気でモチベーションが上がり、能力を発揮します。

そのため私の経営する保育園では

(1) ほめる
(2) 優しくする
(3) がんばらせない
(4) 努力させない

という「キンダーマネジメント理論４原則」を掲げています。

利益率３倍以上の保育園作り。これを元美容室オーナーの私ができるのだから、あなたにできない理由はありません。

あなたがもし、保育園を経営したいなら。

あなたがもし、保育園の経営を改善したいなら。

ぜひ本書を参考にしてみてください。

地方で子どもたちの未来を創造していくビジネスなんて、未来があると思いませんか？
待機児童や少子化、地方の過疎化など、日本はさまざまな難題を抱えています。
小さな力かもしれません。
それでも、保育園経営によって、そうした社会課題の解決に貢献できるのです。
ぜひ、地域の役に立つ保育園作りの参考にしてほしいと思っています。

篠田英也

目次

第2章

「儲かる保育園」経営は保育士のマネジメントが9割

第4章

第6章 建物選びからオープンまでの道のり

第1章

「量」から「質」へ。保育格差の時代がやって来る！

全国約1000カ所で認可保育園が不足している

「待機児童」

この言葉をあなたも目にしたことがあるはずです。

待機児童とは「保育が必要」と認定されているにもかかわらず、保育園に入れない児童のことです。日本の待機児童は、2021年4月時点で5634人でした（厚生労働省調べ）。1994年の調査開始以来、はじめて1万人を割りました。

国は待機児童問題の解消に向けて、保育園の整備を進めてきました。2017年には2万6081人だった待機児童は年々減ってきたのです。

待機児童のいる自治体は、全国312市区町村（2021年4月1日時点、厚労省調べ）。312市区町村といっても、同じ自治体内でも認可保育園が足りている地区と足りてない地区の濃淡があります。自治体内の3地区くらいで認可保育園が足りないと仮定すると、全国の約1000地区で新たな認可保育園が必要だと考えられます。

ただ、少子化が止まらない日本はすでに人口減少時代に突入しました。

2008年の1億2808万人をピークに、年々人口は減り続けています。国立社会保障・人口問題研究所は、日本の人口が2048年には1億人を割り、2060年には8674万人になると推計しています。

40年後という長期的な将来を見据えると、保育園不足は解消されることでしょう。むしろ保育園が余る時代になるはずです。

とはいえ、今後しばらくは地域によっては保育園不足が続くと見込まれます。

●待機児童数の推移（厚生労働省調べ）

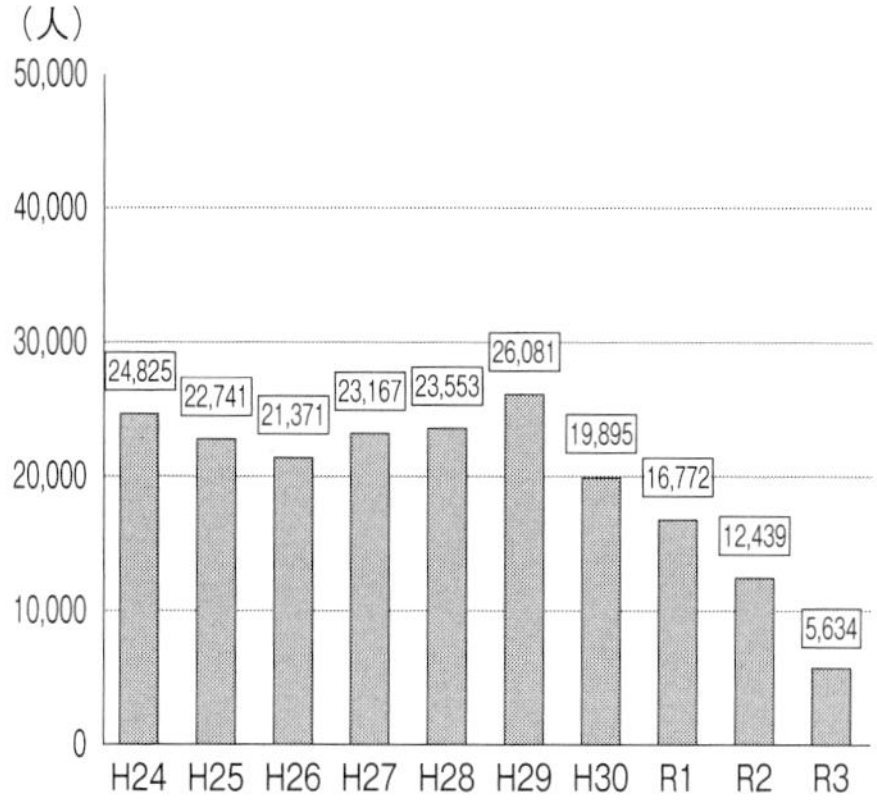

保育園にはこんなに種類がある！

ここで、乳幼児を預かる施設の種類を簡単にご説明しておきましょう。

まず、保育園と幼稚園は何が違うのでしょうか？

保育園の管轄は厚生労働省の管轄で、児童福祉施設です。

幼稚園は文部科学省の管轄で、教育施設です。

さらに、国は子育て支援策の充実に向けて、2006年に「認定こども園」という制度を創設しました。

認定こども園とは、幼稚園と保育所の機能や特徴をあわせ持ち、地域の子育て支援も行う施設。

2007年には105カ所だった認定こども園は、2020年には8016カ所にまで激増しました。かつては保育園や幼稚園だった施設の多くが認定こども園に切り替わったのです。


また、大きく分けて認可施設と認可外施設があります。

認可施設には、国が認可する「認可保育所」「認定こども園」「幼稚園」があります。

これらに加えて、自治体が認可する「小規模保育」「事業所内保育」「家庭的保育」「居宅訪問型保育」があります。

このうち小規模保育園は0～2歳児が対象で、定員が6～19名のコンパクトなスタイル。私が経営している保育園のうち6つがこの小規模認可保育園です。

認可保育園には公費が給付されるので、無償か安価で利用できるのが利用者の大きなメリットです。

●保育施設の種類

国の認可保育施設

認可保育園、認定こども園

自治体の認可保育施設

小規模保育、事業所内保育、家庭的保育、居宅訪問型保育

認可外保育施設

認可外保育園、企業主導型保育、ベビーホテルなど

認可外には「企業主導型保育」「ベビーホテル」などがあります。

認可外でも、自治体が独自の認証・認定制度があります。

待機児童の9割近くは0〜2歳

待機児童と聞くと、小学校入学前の子どもたちが保育園に入れずにあふれ返っているイメージがあるかもしれません。

実際には、年齢によって大きく事情が異なります。

待機児童の実に87.1％は、0〜2歳児が占めているのです（2020年4月1日時点）。3歳児以上はわずか12.9％しかいません。

待機児童問題とは、すなわち0〜2歳児の預け先不足なのです。

認可保育園の定員は、年齢が上がるほど大きくなるのが一般的です。というのも、保育士が1人で見られる子どもの数が違

うからです。

国の基準では、1人の保育士が見られる人数は0歳児が3人、1～2歳児が6人。これに対して、3歳児が20人、4～5歳児なら30人も見られるのです。0～2歳児と3～5歳児では格段に違うわけです。

たとえば、園児が30人いるとして、4歳児なら1人の保育士で担当できますが、0歳児なら10人の保育士を雇わなければなりません。

0～2歳児を受け入れようとすると、保育士を数多く確保しなければならないのが大きなネックになるのです。

とりわけ認可外保育園の中には0～2歳児を受けれいていないケースが少なくありません。3歳児なら保育士1人で20人見られるのに、2歳児だと6人しか見られないとなると、2歳児クラスは約3倍の料金をもらわなければ割に合いません。しかし、そんなことをしたら園児募集で苦戦するのは火を見るより明らか。それなら0～2歳児を受け入れないほうがいいと判断する認可外保育園の経営者が多いわけです。

統計に表れない「隠れ待機児童」があふれている!?

こうした公的な数字では見えない問題も隠されています。

実は、行政が公表する待機児童の人数にカウントされていなくても、保育園に子どもを預けらずに困っているお母さんが少なくありません。

いわゆる「隠れ待機児童問題」です。

たとえば、通勤の際の最寄り駅近くの保育園に入れたくても、空きがなくて入れられないケース。自宅から最寄り駅とは逆方向の少し離れた所にある保育園には空きがあって入所できるなら、待機児童には含まれません。しかし雨の日の送り迎えなどを考えると、どうしても駅チカの保育園に入れたいというケースもあるでしょう。

あるいは、兄弟で同じ保育園に入れたくても、空きがなくて待っているケースもあります。ほかの保育園に空きがあれば、この場合も待機児童にカウントされません。

親が育児休暇を延長して保育園の空きを待っている児童、取りあえず無認可保育園に預けられている児童も待機児童にカウントされないことがあるようです。

こうした隠れ待機児童の人数は正確にはわかりませんが、東京都だけでも1万人、全国で8万人くらいいるといわれています。

会社勤めの夫婦が多い自治体では、次のような現象も起こります。

4月1日時点で待機児童がゼロなのに、6~7月からの途中入園の申し込みが4月に始まると、1歳児の入園希望者が殺到するのです。

育児休業（育休）は、子どもが1歳になるまでとれます（延長も可能）。子どもが1歳になる前の4月1日時点では育休中なので待機児童には含まれません。お母さんが自宅で育児しているからです。

ところが年度途中で育休の1年を迎えるため、職場復帰を前に保育園に預けなければならなくなるのです。かといって、年度途中からの預け先がすぐに決まるとは限りません。

こうしたお母さんがたくさんいますが、4月1日の年度当初は待機児童には含まれないというわけです。これも一種の隠れ待機児童です。


それに、厚生労働省は待機児童とはどういうものかを定義していますが、各自治体によるカウント方法が完全に一致しているわけではありません。微妙に異なっているのです。

待機児童の人数のだけでは見えない問題が隠されているのです。

「保育園落ちた日本死ね」はなぜ起こった？

少し古い話ですが、２０１６年2月、あるブログが国会で取り上げられました。

それは「保育園落ちた日本死ね」と題したもので、子どもが保育園に入れなかった母親が保育園を増やしてほしいと訴える内容です。

「保育園落ちた日本死ね」はインパクトのあるフレーズでした。インターネットの普及によってお母さん個人の思いを広く社会に発信できるようになり、国会に取り上げられ、この叫びに共感する人の輪が全国に広がりました。あなたも、あの騒動を記憶しているかもしれません。

子どもを認可保育園に入れようとするとき、自治体によりますが、申込用紙には第1希望から第6希望くらいまで書く欄があります。このブログのお母さんは、これらすべて落ちたそうです。

このお母さんは、特定の保育園を希望して落ちたわけではありません。とにかくどこかの保育園に預けたかったのに、その願いがかなわず、仕事を辞めざるをえない危機感を抱いていました。ブログのタイトルは過激ですが、お母さんの気持ちは痛いほどわかります。

待機児童が減ったとはいえ、これと同じような事態に今でも多くのお母さんが直面しています。

私は「保育園落ちた日本死ね」問題の背景にあるのは、制度と実態に大きなズレが生じているからだと思っています。

それ以前にも、待機児童はいました。しかし、まだ共働き世帯がそれほど多くなく、国の政策として児童福祉の優先順位が高くなかったのです。

１９８６年に「男女雇用均等法」が施行されて女性の社会進出が加速しました。産休・育休制度も整ってきました。

働くお母さんの子育てを支える各種制度は充実してきてはいました。

ところが、こうした制度の裏側では、子どもを保育園に入れることすらできないお母さんが続出している実態があったのです。

もし、子どもを保育園に入れられなかったら、仕事を辞めるのは夫と妻のどちらでしょうか？　圧倒的に妻が辞めるケースが多いでしょう。最近は夫が仕事を辞めて家事を担う「主夫」という存在が肯定的にとり上げられるようになりました。しかし、まだ少数派です。

私は保育園経営者として多くの家庭の子育てを見てきましたが、いまだにお母さんが一人で子育てしている「ワンオペ」のケースが珍しくありません。

子育て支援の各種制度と子育ての実態。「日本死ね」問題は、この2つの落差を浮き彫りにしたのです。

「10ポケット現象」でも認可保育園に入れたい親

「10ポケット現象」という言葉を耳にしたことがあるでしょうか？

これは、両親と両祖父母、両叔父母から教育費を出してもらえる現象のこと。

かつては「6ポケット現象」といわれました。6ポケットとは、両親の2つと両祖父母の4つの計6つの財布のこと。少子化によって、1人の子どもにお金が集中することを表す言葉です。

これがさらに加速して、未婚や子どものいないおじとおばを加えた10の財布から1人の子どもへお金が流れ込んでいるというわけです。


それでは、10ポケットになって、子育てに必要なお金の捻出が楽になったのでしょうか？

そんな単純な話ではありません。

なぜなら、日本全体が貧しくなってきたからです。

「失われた30年」といわれるように、日本は30年間、会社員の収入がほとんど上がっていません（図A）。

世界的にも、日本の給料の安さが目立ってきました。先進国の中でも、過去20年間で平均賃金が上がらなかったのは日本とイタリアくらいだそうです。２０１５年には平均賃金が韓国に抜かれました。日本では、夫か妻がよほど高収入出ない限り、共働きしなければ子育てするのが厳しい社会になったのです。

２０１９年から、保育・幼児教育の無償化がスタートしました。

というと、すべての保育園や幼稚園が無料になったと思うかもしれません。

実際には、さまざまな条件によって異なります（図Ｂ）。

大まかにいうと、３～５歳児は認可保育園ではすべて無償化されました。

認可保育園に通わせる最大のメリットは、この無料であること。たとえ10ポケットでも、親は経済的な負担の小さな認可保育園に入れたいわけです。

しかも、認可保育園は、公立でも民営でも公的資金によって運営されていることに変わりはありません。

一方で、認可外保育園は、それぞれのコンセプトに基づいて運営されています。このため、親がクレームを入れたら、「それでは他園に行ってください」と追い出されてしまうかもしれません。

ところが認可保育園なら、どんな保護者の意見もいきなり跳ね返されることはありません。

金銭的にメリットが大きく、クセのない認可保育園のニーズが圧倒的に大きいのは今後も変わらないでしょう。

（図 A）●平均給与の推移

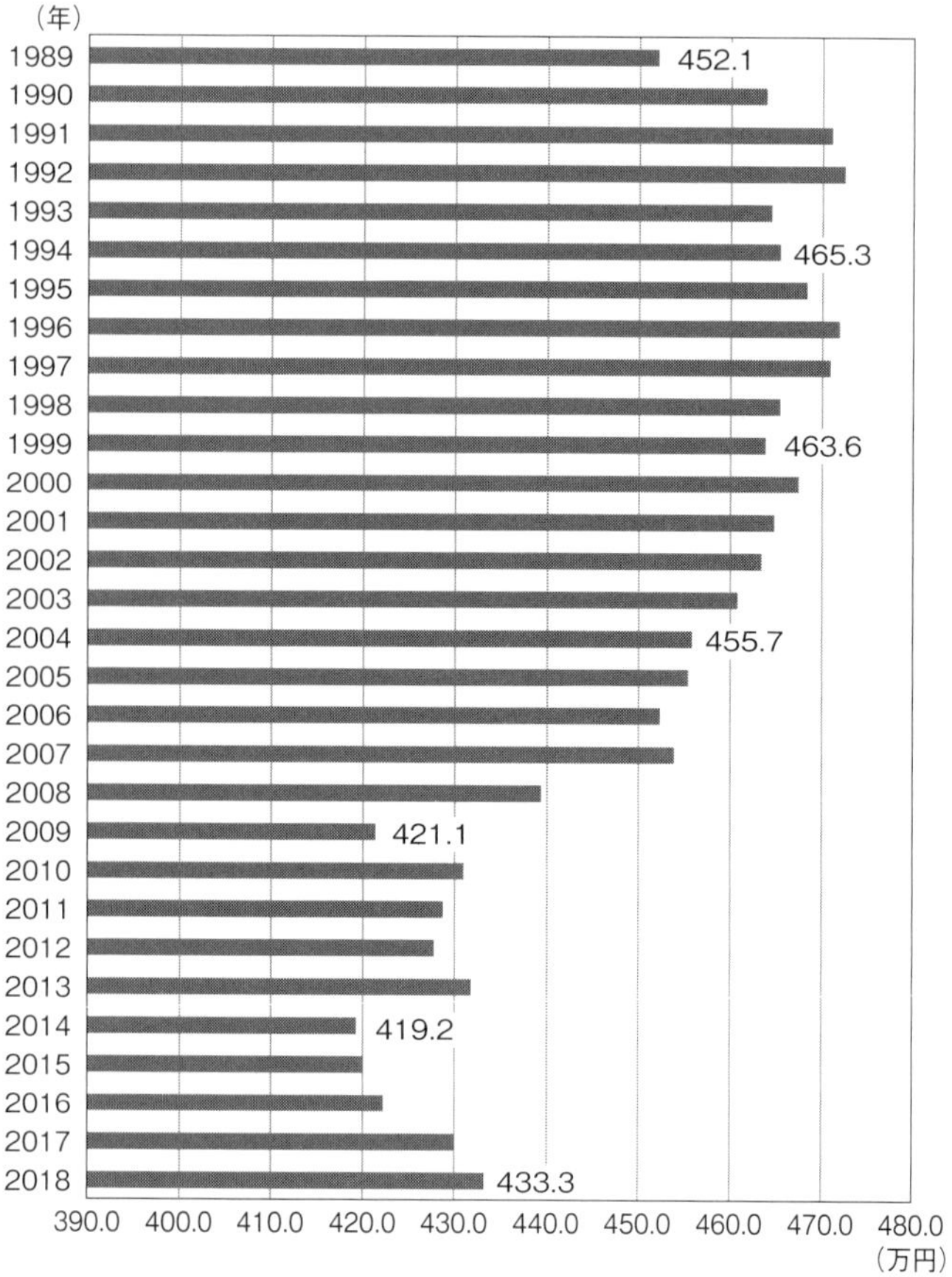

資料：厚生労働省政策統括官付政策立案・評価担当参事官室において、国税庁「民間給与実態統計調査」のうち、1年勤続者の平均給与を2015年基準の消費者物価指数（持ち家の帰属家賃を除く総合）で補正した。

（図B）●幼児教育無償化の具体的なイメージ（例）

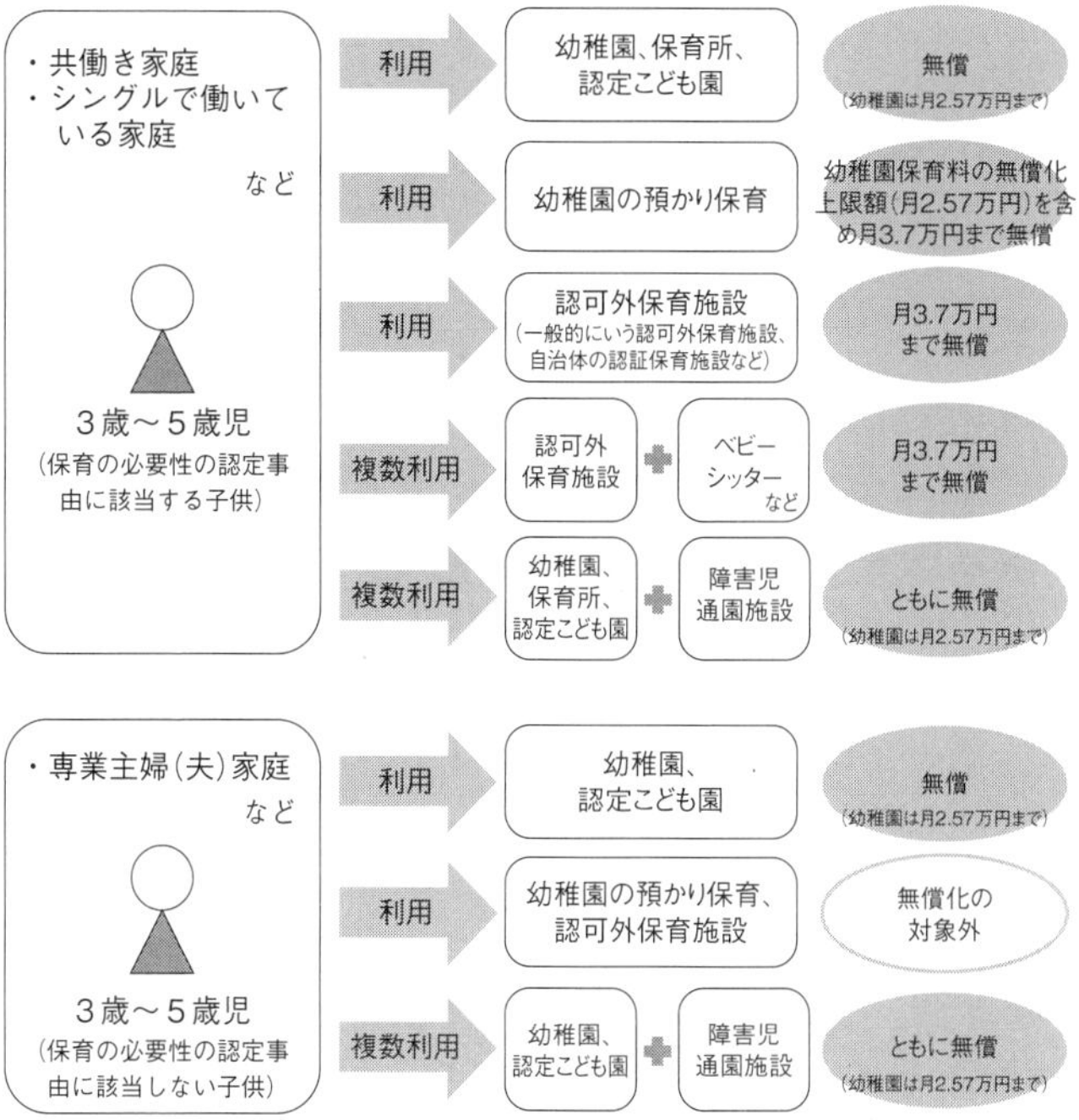

住民税非課税世帯については、0歳～2歳児についても上記と同様の考え方により無償化の対象となる。この場合、月4.2万円まで無償となる。

※上記のうち認可外保育施設及びベビーシッターについては、認可外保育施設の届出をし、指導監督の基準を満たすものに限る（ただし、5年間の経過措置として、指導監督の基準を満たしていない場合でも無償化の対象とする猶予期間を設ける）。

都市部で子ども2人を育てるには世帯年収800万円が必要

「子どもの教育費がかかるから……」

「子ども2人は金銭的にキツイよね……」

なんて嘆き節を耳にすることがあるでしょう。

それでは、子育てにどれくらいお金がかかるのでしょうか?

子どもが大学に進学する場合、22歳までに必要なお金は3000万～4000万円といわれています。

子育て世帯の平均年収は745万9000円（2018年、厚労省国民生活基礎調査より）。

全国平均がこの額ならば、とりわけ都市部で子ども2人を育てるなら、夫婦の年収を合わせて800万円くらいは必要になります。


日本の平均給与が約430万円なので、370万円分も不足します。そうなると、やはり共働きしなければ子ども2人を育てるのは困難です。


都会では世帯年収800万円くらいが必要といっても、物価も最低賃金も安い地方は事情が異なります。地方の場合、30代～40代前半までの子育て世帯で年収800万円を超えているのはごく少数。私の感覚では、10～20%くらいだと思います。地方では、そこまで収入がなくても子育てできるわけです。

保育園を経営するならば、その地域の世帯年収がどれくらいかを把握することも大切です。世帯年収が上位10〜20％のアッパーゾーンをターゲットにするのか、それとも80〜90％のゾーンをターゲットにするかによって、保育園運営は大きく異なるからです。

コロナ不況と物価上昇のWパンチ――泣きっ面にハチ

２０２０年に始まったコロナ禍によって、飲食店やホテル、旅行業は大打撃を受けました。

こうした事業者を救済しようと、政府は資金繰り支援の融資制度を充実させています。日本政策金融公庫の「新型コロナウイルス感染症特別貸付」は、無担保＆低金利の貸付制度です。３年間は実質無利子で利用できます。

この融資は、早ければ3年後、遅くとも5年後に返済が始まります。

借入金は、会社の将来の利益を前借りしているものです。いくら売り上げがあっても、赤字では借入金を返せません。

あくまでも利益の中からしか返せないのです。

ということは、コロナ融資を受けた企業は、遅くとも5年後には利益を出していなければなりません。そう考えると、5年後、利益を出せずに返済に苦しむ中小企業が続出する恐れがあるのです。

つまり、コロナ不況はまだまだ続くのです。

さらに、モノに対する世界的な需要の回復が進んで、物価が上昇する可能性が高まってきました。コロナ不況と物価上昇のダブルパンチが私たちの生活に襲いかかってくると予想されます。

このコロナ禍で、すでに保育園をやめた子どもがたくさんいました。コロナ禍によって仕事を失ったり、会社の将来性に自ら見切りをつけて辞めたりした親がいたからです。親が仕事を辞めてしまうと、その子どもは行政に「保育の必要性がない」と判断されてしまいます。それで保育園から出なければならなくなった子どもが増えたのです。

しかし、生活を考えると、共働きしなければならない家庭が少なくありません。これから新しい仕事も子どもの次の預け先も探さなければならなくなった親がたくさんいます。待機児童の数字だけでは見えないこうした問題もあるのです。

保育士不足という深刻な問題

あなたが父親なら、自分の子どもの面倒を丸1日見られますか？

私は6児の父ですが、子どもの面倒を見るのは本当に大変です。自分の子どもを見るのもキツいのに、他人の子どもを何十人も見てくれる保育士には、リスペクトしかありません。頭が下がる思いです。

保育士は9割以上が女性で、母性にあふれています。このため、自分がいざ母親になると、その母性が一気に自分の子どもに集中します。自分の子どもの面倒を自分で見たくなるわけです。

このため、出産を機に仕事を辞めて家庭に入る保育士が少なくありません。

一方で、共働きが当たり前の今、妻も保育士を続けなければ生活が成り立たないケースも多い。それでも、ある程度は自分でわが子の面倒を見たいとなると、正社員からパートに切り替えて、働く日数や時間を減らすことになります。


厚生労働省によると、2017年末には約7万4000人も保育士が不足していました。

せっかく保育士になっても出産を機に辞めてしまったり、働く時間数を減らしたりすること。これが保育士不足にもつながっていきます。


保育士といえば、低賃金のイメージがあるかもしれません。私は、保育士もしっかりと稼げるようにしなければ保育士不足は解消できないと考えています。

そのためには、収益の出る保育園にしなければなりません。

利用料をとれるように、保育の質を上げていかなければなりません。上へ上へと業績を伸ばしていかない限り、保育業界は良くならないのです。

国がいくら保育士の給付金を上げてくれても、1人当たりにするとわずかになってしまいます。

自分たちで給料をつかみにいかなければならないのです。

「量」より「質」への大転換

保育園が不足しているといっても、私は単純に保育園の数を増やせばいいとは思っていません。というのも、子どもを受け入れる枠だけでいえば、すでに国の整備はかなり進んできたからです。国は、２０１３年からの５年間で53万５０００人分（計画50万人分）、２０１８年からの３年間で約20万人分（２０１９年末時点、計画32万人分）の保育の受け皿を整備しました。２０２１年からの４年間で、さらに14万人分を整備する計画です。

「どこでもいいから保育園に入れたい」という親のニーズは満たされつつあるのです。

地域によるかたよりはありますが、単に数を増やす時代は終わろうとしています。

私は、これからの保育園整備で大切なのは「親の選択肢」を増やすことだと考えています。

つまり「量」ではなく「質」です。

ひと昔前の日本では、サラリーマン家庭の生活水準はそれほど差がありませんでした。福祉や教育、医療といった公的なサービスを同じように使えて、みんなが同じような暮らしぶりでした。

ところが、今は違います。もはや隣の家との収入格差が広がっています。

代表例が子どもの貧困です。厚生労働省によると、子どもの貧困率は13.5％（２０１８年）。つまり７人に１人くらいの子どもが貧困状態です。

しかし、日本の子どもたちは同じような服装をして、同じようにスマートフォンを持っています。貧困が表からは見えにくいのです。しかし、その裏側では想像以上に格差が広がっています。


生活格差が広がるにつれて、親の価値観や保育に対するニーズも多種化してきました。

「働きたくても子どもの預け先がない。どこでもいいから、とにかく預かってほしい」

と考える切実な親もいれば、

「幼児教育に力を入れている保育園で、とくに英語教育をやってほしい」

というこだわりの親もいます。

「収入格差」が「教育格差」に直結する時代になったと私は考えています。

そうなると、保育園の数だけを増やしても、こうした多様なニーズは満たせません。

ましてや、国は規模の大きい認定こども園の整備を進めていますが、これを大量に作ればいいという話でもありません。大規模な施設を作るのはコストがかかる割に、多様なニーズに応えられないからです。

「こんなふうに子どもを育てたい」

「日祝や深夜も預かってほしい」

そんなさまざまな親の願いに応える保育園をこれからは作っていくべきだと思います。


多様な保育園がある中から親は選択してトライアルができたほうがいい。1回入れたらそれで終わりではなく、子どもを預けてみて合わなければ、ほかの園に移れるようにすればいいのです。

「保育無償化」では埋められないスキマあり

2019年の幼児教育・保育の無償化以降、親の間ではタダで預けられる認可保育園を希望する動きが加速しました。

その結果、認可外保育園は園児募集に苦しみ、倒産するケースが出てきました。

しかし、認可保育園に満足できず、たとえお金を払ってでもこだわりの保育を受けさせたい親にとって、認可外保育園は救いでした。

たとえば障がい児の問題があります。

介護を必要とする障がいのある子どもを持つお母さんは、ずっと付き添って世話をしなければならず、働きに出られません。しかし、お父さんの稼ぎが十分でないなら、お母さんも働かなければ一家総倒れになりかねません。

保育園に子どもを入れたい家庭は、保育の必要性をポイント化した点数が付けられます。点数の高い人から優先的に認可保育園に入れるわけです。

しかし、お母さんが自宅で子供の面倒を見ていたら、保育の必要性のポイントは低くなってしまうというわけです。

お母さんは働きたくても働けない。子どもを認可保育園に預けたくても預けられない。そんな深刻な状況の家庭もあります。

それに、障がい児を受け入れている保育園は限られていますが、その多くは空きがありません。多くの子どもたちが順番待ちしているのです。

児童福祉施設として、解決していかなければならない課題が山積しています。

いつの時代も、どんなサービスにも、スキマが出ます。

そこをどう埋めていくか？

スキマを埋めるスモールビジネスにチャンスがあるのは保育業界も同じです。

個性がある保育園が求められる時代へ

1年間育休をとっている間にお気に入りの保育園が見つからなかったら、会社に申請を出して半年間育休を延ばす。それでも見つからずに2歳になるまで育休を再延長する。こうして育休を伸ばしてでもお気に入りの保育園に子どもを入れようとする親もいます。

お金を払ってでも質の高い保育園に通わせたいという富裕層も、数は少ないですが確実に存在します。

これからは、誰でも無償で入れる保育園を充実させるだけでなく、親がお金を払ってでも入れたいと思える保育園を増やすべきです。

そこに、ビジネスチャンスもあるのです。

私が必要だと思うのは「個性を生かすための環境」がある保育園です。

かつての日本では、全国のすべての子どもに同じような保育・教育を与えていました。

しかし、今は子ども一人ひとりの個性や各家庭のニーズに合った保育・教育が求められるようになりました。

たとえば、心を鍛える保育園があっていい。あるいは身体を鍛える保育園があっていい。勉強に特化してもいい。

しばらくは保育園が不足した状態が続きますが、このまま少子化が続けばいずれは保育園が子どもをとり合う時代がやってきます。

保育園淘汰の時代です。

そのときに勝ち残るためにも、時代にマッチした保育園経営が必要になります。

保育が果たす社会的意義が高まっている

コロナの最前線で戦っているというと、病院で働く医療関係者がまず頭に浮かぶでしょう。

実は、福祉関係者も医療の人たちと同じくらい最前線で活躍しています。

コロナ禍でも、医療関係者をはじめ、働きに出なければならない人はたくさんいます。小さな子どもがいれば、保育園に預けざるをえません。

たとえ小中学校が休校になっても、保育所は休園するわけにはいきません。福祉も医療と同じように休業するわけにはいかないのです。

最近は、お父さんも育児に参加するようになったといわれます。確かに、そういうご家庭もあるでしょう。しかし、私が見る限り、お母さんが１人で育児を背負うワンオペの家庭がまだまだ多い。

お母さんにとって、２０２０年のコロナ禍での休校や休園は想定外の出来事でした。子どもが１日中、家にいる生活なんて、しばらく送っていません。それでも、やらなければならない仕事があります。それにもかかわらず、昭和の子育てのようなワンオペです。

有給休暇を気軽にとれないお母さんがたくさんいます。本来なら月に１回でも２回でも自分のためにとっていくべきですが、お母さんはセーブします。子どもが病気になったときのためです。国は有給休暇の取得を奨励していますが、お母さんからしてみたら気軽にとれるものですらありません。

炊事も掃除も育児もやって、仕事もして、さらに家に子どもがいるのです。お母さんの負担がどれだけ大きいことでしょうか。

今回はコロナ禍でしたが、今後、ほかの感染症のパンデミックが起きるかもしれません。日本では、地震や津波といった天災のリスクも高い。

これから日本社会を揺るがすピンチは何度もやって来ます。そうなったとき、地域の家庭にアプローチできる施設が絶対に必要になります。

保育園は学校ではありません。あくまでも児童福祉施設です。

保育園を経営すれば、たとえ１００の家庭を救うのはムリでも、10や20の子育て家庭の役に立つことならできます。

学校はやらない。大規模な認定こども園からはこぼれ落ちる。そんなスキマに民営の保育園によるサービスが必要とされるのです。

児童福祉施設としての保育園が果たす役割は、これからますます高まるのです。

第2章

「儲かる保育園」経営は保育士のマネジメントが9割

おばあちゃんからママ友に預ける時代へ

40年前の昭和のころのお母さんとは比べものにならないくらい今のお母さんたちは若々しくなりました。見た目だけではありません。お母さんが日々こなすことも、昭和と令和ではまるで違うものになりました。

昭和のお母さんは、布おむつを毎日何枚も洗っていたものです。今では布おむつを見たことすらないお母さんが大半でしょう。昭和のお母さんは料理のとき、煮干しや削り節から丁寧に出汁をとったものです。お母さんの手は水仕事で荒れていました。

昭和のお母さんから見れば、ネイルしていたり、スーパーでお惣菜を買ったり、ましてや保育園に子どもを預けて遊びに行く今のお母さんたちは母親失格に違いありません。

私は保育園経営を通して数多くのお母さんたちと接してきましたが、今のお母さんたちは昔のお母さんと同様に家事も育児も必死にやっています。昭和とはまるで異なる今の時代環境のもとで、一生懸命に子育てしています。仕事しながら子育てしている今のお母さんたちも、昭和のお母さんとなんら変わらないハードワークだと思います。

かつての働くお母さんは、おばあちゃんに預ける感覚でベテランの保育士を頼っていました。

しかし今は違います。今のお母さんはママ友にわが子を預ける感覚です。

髪の毛を染めて、ネイルしているような今どきの見た目で、「お母さん、大変ですよね。わかりますよ」「仕事と子育てを両立するのはきついですよね」と共感してくれる保育士に今のお母さんたちは心を開くのです。

昭和のお母さんからすると、「ネイルなんてお母さんがやることじゃないでしょ！」と腹立たしいでしょう。ところが、今のお母さんたちは「お母さんだって、おしゃれしないといけないよね、かわいくないと嫌だね」という感覚。お母さんの価値観は時代とともに変わっていくのです。

おばあちゃんに預ける時代から、ママ友に預ける時代になったのです。

保育園の「2：6：2法則」とは？

「今どきの保育士では、子どもをきちんと見てくれないのでは？」と不安に思うかもしれません。ところが、そんなことはありません。今どきの保育士イコールいい加減だというのは勝手な思い込みです。

そもそも、保育士の仕事は楽ではありません。子どもと遊んだ経験がある方は痛感していると思いますが、１時間もするとグッタリと疲れます。子どもと遊ぶのは予想以上に体力がいるのです。

１人の子どもと遊ぶだけでも疲れるのに、何人もの子どもの面倒を１日中見る保育士は、体力勝負の重労働です。見た目やノリは今風でも、いい加減にやって務まる仕事ではありません。

たとえ若くても、保育士たちはみんな「子育て家庭の役に立ちたい」「子どもたちにのびのび成長してもらいたい」という情熱を持っています。それがなければ続かない仕事です。

共感という意味で、お母さんと同世代の保育士が大きな戦力になるのです。

ただ、今のお母さんに共感してもらえる保育士だけを集めればいいわけではありません。

保育士の年齢層のバランスは、パレートの法則ではありませんが、「2：6：2」くらいが理想的だと私は考えます。新人が2割、若手・中堅が6割、ベテランが2割という割合です。

これくらいの割合なら、ベテランの知恵をとり入れつつ、新人を育てながら保育園を回していけるのです。

大手に勝つには「紹介採用」しかない

今、日本では保育士不足が深刻です。

保育士が採用難であることは、広く知られるようになりました。

保育士からすれば、超売り手市場。保育園からすれば、求人広告を出しても思うように応募者が集まりません。

保育士は就職先を選べますが、保育園側は保育士を選べないのが現状です。

大学生の一般的な就職活動で大手企業の人気が高いのと同様に、保育士の専門学校に通う学生たちの就職先として人気が高いのは大手の社会福祉法人です。

保育を学ぶ学生たちは在学中、保育園での実習に参加します。学生たちの多くは大手社会福祉法人が運営する保育園を実習先に選んで、その流れでその法人に就職するというパターンが主流です。

そうなると、実習生を数多く受け入れることができない小さな保育園が保育士を採用するのは簡単ではありません。

それでも保育士採用のコツを挙げるとすれば「紹介」です。

いつの時代もどの業界でも、社員は紹介で増えるのが最もローコストでミスマッチが少ない。最近では「リファラル採用」という言葉が流行しているように、社員の紹介ならいい人材を採用できる確率が高いのです。

社員は「一緒に働きたい！」と思える友人しか紹介しません。だから、入社後、採用側が「もっとちゃんとやってくれると思ったのに……」となる可能性が低い。

求職者側も、事前に社員から会社のリアルな姿を知ることができるので、入社後に「イメージと違った」というギャップを感じることがありません。

とりわけ保育業界は紹介がものを言う世界です。

なぜなら、保育士は保育園をまたいだ横のネットワークを持っているからです。

私が7つの保育園を経営しているように、この業界は1つの法人が3つも4つも保育園を運営していることが珍しくありません。そうなると、同系列の他の保育園で働く保育士たちとつながりがあるわけです。転職が盛んな業界ですから、転職していった元同僚がいろんな法人にもいます。

この保育士ネットワーク上でいい口コミが広がるかどうか。これが紹介採用を成功させる最大のカギです。

仲のいい保育士同士で集まると「辞めたい」「いつ辞める」「こんなこと言われて超ムカつくんだけど」とグチっています。

ネガティブな話が飛び交っている場で「うちはまあけっこう楽しいかも」「あの園は良さげだよね」といった発言が飛び出せば、「え!? 保育士って楽しくていいの?」という話になります。

グチをこぼした他園の保育士に対して、私の園の保育士に「うちはそんなことないよ」と言ってもらえるかどうか。

他園に勤めている保育士に「あの保育園なら、職場にありがちな問題が解決されているみたい」と思ってもらえるかどうか。

こうしたことが、紹介採用の勝負どころです。

社員の紹介なら「顔パス面談」で採用する

保育業界に限らず、中小企業の採用はロシアンルーレットのような出たとこ勝負。入社して働いてもらわなければ、その人がどれくらい活躍するかわかりません。面接で「がんばります！」と声高に宣言したものの、入社したらまったくがんばらない人が山ほどいます。

正直に言って、面接で応募者の資質を見抜くのは極めて難しい。ただ、私の経験上、断言できるのは、今働いている保育士が紹介してくれた人はいい保育士だということです。

私は、自分の園の保育士の紹介で応募してきた人は、書類で選考せずに「顔パス面談」で採用します。面談では、事前にもらった書類を再確認するくらいです。

そして、その人を紹介してくれた保育士がいる園に配属します。そうすれば「話が違った」とはなりません。

保育士ネットワークで自分の園に興味を持ってくれた保育士の中には、まだ入社を迷っているケースがあるでしょう。そうした人に入社してもらうためのダメ押しにはコツがあります。

それは「うちの保育園では、こうしてもらわないと困る」というものをできるだけ減らすこと。制約があればあるほど、保育士にとっては窮屈です。

たとえば、30年の経験があるベテラン保育士が面接で「うちではパソコンをやってもらうから」と言われたら、どう感じるでしょうか？　パソコンが苦手なら、きっと入社を躊躇するはずです。

相手の不安をとり除いてあげるために、パソコンが苦手な保育士には「パソコンはほかのスタッフがやるから大丈夫ですよ」と言ってあげられるかどうかが採用成功を左右するのです。

採用する人材に合わせて自分たちも変化して、進化していかなければなりません。

そもそも、超売り手市場の保育士の採用では、私たちが面接で選べる立場ではありません。

むしろ、私たちが面接されているのです。

面接では、採用側が「入社後にはこんな役割を担ってほしい」「こんなキャリアパスを歩んでほしい」と、自分たちのストーリーを応募者に押し付けがち。しかし、そんなことは応募者にとっては重荷になりかねません。

そうではなくて、その応募者が思い描く人生のストーリーに会社としてどれだけ寄り添えるか。それに対して、会社として力になれることがあればサポートすると伝えるのです。

保育士の募集で「雇ってやる」という上から目線はありえません。元来、雇用者と被雇用者は対等の関係です。会社側の都合を押し付けるような態度は禁物です。

「前の職場で嫌だったことはやらない」と約束する

応募者が就活で入りたい会社は「条件のいい順」です。

条件のいい企業ほど志望順位が高い。

自分の会社が応募者にとって何番目くらいに位置するかは意識すべきです。

たとえば、応募者からすると3番手なのに「うちは1番いいですよ」とアピールするのはお門違い。それなら志望順位が1位になっていなければおかしい。

待遇では勝てないなら、「前の職場の何が嫌で辞めたのか？」に焦点を当てるべきです。

その嫌という部分をうちでは絶対にやらないと約束するのです。

私は、応募者が前の職場で嫌だったことをそれとなく聞き出したうえで、

「うちでも嫌なことがあるかもしれないけど、私たちができることがあるなら言ってね。私たちは協力するよ」

といった具合に、自社のいいことばかりアピールするのではなく、応募者が前職で嫌だと感じたことができるだけなくなるようにお互いに意識していこうと伝えるのです。

そうすれば、応募者は「この保育園ならうまくやっていけそう」と感じるのです。

採用型ではなく「育成型」

経営者と労働者では、利害が対立します。

労働者からすると、給料をもらってゆるく働くのがベスト。一方、経営者からすれば、少額の給料でしっかり働いてもらうのがベストです。

できる人材を雇おうと思えば、最初から高額の報酬を提示しなければなりません。

雇ってみなければできるかできないかわからない人材に、高額の報酬を払える余裕は中小企業にはありません。

そうなると、最初からできる人材を採用するのではなく、伸びしろのある新卒などの人材をに育ててい

く方法がいいと私は思っています。

つまり、人材採用型ではなく「人材育成型」です。

小さな資金を大きく動かす「てこの原理」をレバレッジと呼びますが、人材に関して一番レバレッジが効く経営のやり方は、新卒や経験が浅い人材を採用して、育て上げて、トップまで引き上げることです。

採用というと、「こういう人が欲しい」「こういう人じゃないとダメ」という求める人物像をまず設定すべきだという意見がありますが、私はそんなことはやりません。そもそも保育士は保育士の資格を取るのに必要な知識やスキルを備えています。入社前から相手を枠にはめようとするのではなく、入社後に一人ひとりが持ち味を伸ばして成長していけるようにすることが大事なのです。

会社側が、入社後にどれだけ人材を育成・マネジメントできるかが問われるのです。

入社後に育成するとなると、どんなに優秀でも自分のやり方に固執しすぎている保育士を採用すると扱いが難しい。

それよりむしろ、経験が浅くても素直な若者を採用して、一つ一つ教えていったほうがいい。そのほうが伸びます。

そうした若者に「保育を通して社会貢献していくんだよ」と丁寧に伝えて育てていくことが、保育業界の発展につながると思います。

美容室経営から学んだ「キンダーマネジメント」

美容業界では一時期、カリスマ美容師が持てはやされました。

「美容師は儲かるぜ！」「最先端だぜ！」と息巻いている美容師もいましたが、これだけ街に美容室があふれ返るようになると、つぶれる所が増えてきました。「美容師なんて食えないよね」とあきらめムードが漂ってきたのです。男性は辞めていくか、独立して開業するか、フリーになるかという選択になりました。美容室に残ったのは、主に女性なのです。

私は美容室の経営を通して、女性スタッフが多い職場特有のマネジメントのノウハウを磨いてきました。それが「キンダーマネジメント理論」です。

保育園と美容室の共通点は、女性が多いだけではありません。採用難や離職率が高いこともよく似ています。

離職率をとり上げると、保育士は約10.3％（厚労省「保育士等における現状」より）。これに対して美容師の離職率は1年で50％といわれています。この数字だけを見ると、美容室のマネジメントのほうが難しいことがわかります。美容室でうまくマネジメントできれば、そのノウハウを生かしていけるのです。

私は美容室を経営していた時代、育てたスタッフの定着率を上げることが優先課題の1つでした。女性の多い職場だったこともあり、女性スタッフたちの働きづらさを解消する方法を模索したのです。そのときに編み出して、現在の保育園経営に活かしている「キンダーマネジメント理論4原則」を紹介します。

(1) ほめる

私は20歳の保育士に対しても、60歳の保育士に対しても、同じように接しています。ほめるといっても「よくできたね～」という声がけではなく、「今日、笑顔が素敵ですね！」「身なりがビシッとしていて格好いいね！」と、年齢層問わずに言葉にして伝えるようにしています。

(2) やさしく

スタッフがミスや失敗をしても、頭ごなしに怒ることはしません。「大丈夫だよ」と言って励まし、1つのミスをみんなでフォローし合います。

「わかっているけど、あと一歩だった」

そんなケースが多いものです。

その気持ちをくみとってコミュニケーションを図ることで、相手は「またチャレンジしよう」という気持ちになってくれます。

(3) がんばらせない

がんばるとは、意地を張ること。がんばらせるとは、意地を張らせるということなのです。

私は、意地を張らせずに、柔軟に動いてもらうことを意識しています。

他人に迷惑をかけまいとする女性は、時にムリしているのに、「大丈夫」と言ってがんばることがあります。

そのサインをいち早くキャッチし、「疲れたら休んでください」「リフレッシュしてください」とこちらから声をかけます。

（4）努力させない

努力の語源は「奴隷が力仕事をすること」といわれています。

努力は他人のために使う力なのです。ご家庭に対するアプローチを通して社会貢献するのが保育士の使命。がんばるや努力というネガティブワードが出てくること自体、女性が働きづらい証拠。プレッシャーがかかってしまうと、能力や個性を出しにくいのです。

保育は、がんばることでも、努力することでも、意地を張ってやることでもありません。

人口減少時代を迎えた今、いかに女性の能力を活用するかが企業成長のカギを握っています。保育園に限らず、女性が活躍しやすい環境を整えることがこれから生き残る会社の必要条件です。

基本指針は出すが、現場の判断を尊重する

「園長に聞かないとわかりません」

「園長に確認してみます」

どこの保育園でも、保護者から質問があると、保育士はそう答えることが多い。

私の園では、そうしたことが少ないはずです。

というのも、現場で自主的に動けるように、会社の基本指針を明確にしているからです。


保育園の経営トップである理事長や代表理事は決定権を持っていますが、現場のことは現場トップの園長に丸投げしているケースが多い。

すると、その園が園長の色に染まっていくのです。

園長のトップダウン式でなければ意思決定ができない組織になっていきます。

私の園では、すべての保育士に自分で考えて行動してもらうようにしています。そのときに大事なのが理念です。

◎基礎を身に付け、優しく心豊かに思いやりのある子に育てる。
◎父母の働き学ぶ権利を保護するとともに、多様な生活の支え、父母や地域から信頼される保育園を目指す。
◎子どもが子どもらしく、心豊かに過ごせる保育園であること。

これは、私が運営するハッピー保育園の理念。保育士が自分で考えて行動するとき、「理念にもとづいているか?」が判断基準になるのです。

保育士の行為が理念に沿うようなものであれば、私は肯定しなければなりません。そのための理念です。

理事長と保育士の間に園長が入ることで、理念に園長のエッセンスが加わり、理念と違った園長の解釈で現場が動いていくことになりかねません。

私の保育園では、園長には現場で「こうしたほうがいい」「ああしたほうがいい」とは基本的に言わないようにしてもらっています。

会社の理念にもとづいて、保育士みんなが共通認識の中で判断すればいいのです。

理念に沿った行動は肯定する

理念にもとづく行動に経験も年齢も関係ありません。

私が経営者としてアプローチするときは、理念に沿った行動を保育士たちがしてくれたことを肯定します。

一人ひとりが自分の判断で理念に沿って行動していることをトップが肯定していく。そのうえで、理念に即した行動として「正しかった」「間違っていた」ということを伝えるわけです。

園長の判断が必ずしも正しいわけではありません。

園長だから上、新卒の新人は下、という扱いはしません。

保育の現場では、同じことは二度起こりません。予期せぬ出来事の連続です。「こういった場合はこうしたほうがいい」とパターン化するだけでは対応できません。ケースバイケースなのです。いかに保育士一人ひとりが理念にもとづいて自分で考えて行動できるか。いかに経営者がそれを肯定できるか。

こうしたことが保育士の働きがいを高めていくのです。

もちろん保育士が判断に迷うこともあります。迷うということは、選択肢が複数あるわけです。そのうちの1つを本人に選ばせて、やらせてみるのです。そうすれば、足りない部分があるかどうかが見えてきます。もし、足りないことがあれば、まわりのみんなでカバーすればいいのです。

こうした仮説と検証の繰り返しによって、人は成長していくのです。

新人を尊重するようになる保護者やベテラン

「飯炊き3年 握り8年」といわれていた寿司職人ですが、今では数カ月で育成するコースがあります。ラーメン屋を開くにも、50万円払えば自分の味を作ってくれる業者があります。

今は、かつてほど経験の価値が大きくはありません。ベテランだけができる仕事は少なくなってきたのです。

多くの仕事のノウハウが確立されて、新人でもスグにできるようになってきています。

これは保育の世界も同じです。

たとえば、20歳の保育士が理念にもとづいて行動した結果、保護者によろこんでもらえるシーンなんてたくさんあります。私は保育士の年齢に関係なく、それをリスペクトするわけです。

私が保育士を平等に扱うので、保護者には「若いのにすごいよね」と思ってもらえます。子どもたちが元気ではしゃいでいたら、「先生すごいね！」となるわけです。保護者と保育士、経営者のこうした関係が大切です。

私は、そういう場面をたくさん作ってあげるようにしています。

私自身は保育士の資格を持っていないので、保育士全員をリスペクトしています。

組織のトップである私が新卒20歳の保育士をリスペクトしているので、ベテランも新人をリスペクトするようになります。自然とベテランと新人が分け隔てなくお互いをリスペクトする職場になっていくのです。

すると、若手にも責任感が生まれます。

とはいえ、若手は失敗することもあるでしょう。いいこともあれば、悪いこともあります。

そんなときでも自然とお互いをフォローし合えるようにするのが一番シンプルで効果的な職場作りだと思います。

中堅、ベテランになっても続けられる環境作り

私は美容師の修行を始めた18歳のときから「幸せには３つある」と教えられてきました。「もらう幸せ」「できる幸せ」「与える幸せ」の３つです。

1. 親や先輩や先生に与えてもらって、学べることに幸せを感じなさい。
2. 教えてもらった結果、自分でできるようになった幸せを感じなさい。
3. 今度は自分が得たことを人に与えて、幸せを感じなさい。

この考えが私のベースです。

保育士の仕事は、やったことがない人の想像よりも遥かに体力と技術がいる仕事。若いときに保育士をやっていても、辞めてしまってブランクがある女性が少なくありません。

しかし、復帰する魅力のある業界かといえば、そんなことはありません。毎日ヘトヘトになるまで働いた若いときの苦い記憶がネックになるのです。復帰したとしても、フルタイムではなく、パートで働くベテランが少なくありません。

多くの保育園では、若い保育士はたくさんいても、中堅の保育士が少ない。自分が年をとっても長く働けるというイメージが持てないので、辞めてしまうのです。

私は、若いときにベテランから学んだことを、20年後、30年後にベテランになって若手に伝えていける

ような職場作りを理想としています。

そのために、若いときから息を切らさずに細くても長くつながっていけるような雰囲気作りや雇用体系が大切だと考えています。

また、ブランクがある人が復帰しやすい環境作りも重要です。

保育士は園長になりたくない!?

保育士は、長く続けていると、園長をやりたがらなくなるケースが多い。

というのも、園長の大変な姿を見ているからです。

「やさしくて、かわいくて、いつもニコニコしてくれていた、あの保育士のようになりたい！」保育士の多くは、自分が子どものころに接した保育士に対してそんな憧れを抱いたのが職業選択の出発点です。

キャリアアップして園長というポジションに就いたものの、それが嫌で大規模保育園を辞めて、小規模保育園に一保育士として移ってくる人がいるくらいです。

それでも、保育園には園長になる人材が必要です。

私は、園長の業務を分割して、ほかの人にも振り分けて、責任をなるべく分散さるようにしています。

「園長というのは係なんだよ」

それくらいの位置づけにしています。「係なら、別になってもよくない？」というくらいに感じさせるのがポイントです。

私の園では、園長も現場に立ってもらっています。

園長は、現場に立っているほうがよろこびを感じられるからです。

園長の業務を会社がカバーしていくことによって、園長が現場に立てる時間を増やしてあげるようにしています。

辞める保育士には「感謝の意」

会社を経営していれば、入ってくる人もいれば辞める人もいます。

私は人を雇うとき、いずれは辞めることを想定しています。

辞めるまでの時間を会社に提供してもらっているという認識です。

保育士は横のネットワークがあるので、辞めた人から「あそこでは働けないよね」「良くないからやめておきな」と言われないようにしなければいけません。その後の採用活動へのダメージは計り知れません。

辞めた人の後味を良くしておかないといけないのです。

後味を良くするためには、雇った瞬間から良くないといけません。辞める間際だけ良くしても、相手から「最後になってこんなことをしてきたけど、何あれ、今さら」とあきれられるのがオチです。

社員が辞めるとき、私は多くを語らず、感謝だけを伝えるようにします。

辞める人から「ありがとうございました」とＬＩＮＥが来ても、「ありがとね」という感じで返すことが多い。

「今まで働いてくれて、こんなことをしてくれて、こういう思い出があって、またこういう機会があったら言ってね」といった長文は返しません。たとえ相手から長文が送られてこようが、「ありがとう」だけです。

最後は感謝の意だけを伝えます。

相手に「今で大切にされてきたので、最後はねぎらいや引きとめ言葉が返ってくるかと思ったのに」と思ってもらうのが仕事です。

保育士からすれば「え、なんで？」と頭の中に「？」が浮かぶでしょう。

一般的には、保育士が辞めると打ち明けたとき、「なんかあったの？」と聞かれたり、「ちょっと待ってよ」と止められたりすることが多い。保育士は、保育士が不足していることも、採用が困難であることもよく知っています。それなのに、私は「いつまで？　明日？　今日？」という感じで聞くので、首をかしげるのです。

相手が「来月末で……」と言えば、

私は「それならわかったよ」と、引き延ばそうとしません。

相手はすごく悩んで、勇気をふり絞って辞めると言ってきます。

そのときに私が「なんかあったの？」と言葉を発した瞬間、「あなた、見てなかったの？　私がこんなにがんばっていたの、あなたは知らないでしょ？」と怒りが沸き上がります。

「全部見ていたよ」と相手に感じとってもらうためには、「辞める」と言った勇気を瞬時にくんであげて、ストレスを与えないようにしたほうがいいのです。

私は、最後まで「いつも通りの社長」であり続けるようにします。1人の人間として今までのことを感謝しつつ、いつも通りの社長として接してあげたほうが、実は相手も楽なのです。

出戻りしやすい雰囲気作り

保育士は、自宅の近くの保育園に勤めることが多い。とりわけ地方は社会が狭いので、辞めたあと、コンビニや飲み屋でバッタリ会うのはよくあることです。

もし、「辞めないで」とすがっておいて辞められたら、街で会ったときに気まずくありませんか？　いつも笑顔の社長でいたほうが、相手もホッとします。私はコンビニや飲食店で、よく元社員に声をかけられます。そのとき、「○○さん、元気そうでよかったよ。久しぶりだね」とわだかまりなく会話できるわけです。

私は街で会っても「最近どうなの？」なんて聞きません。「またね」とあっさり。社長のままでいるほうが、相手も「社長は社長のままで、元気にしているんだ」とホッとします。

「ちょっと嫌なことあって辞めたけど、いいこともあったな。この間、コンビニで社長に会ったら、笑顔で接してくれたな」

そんな印象を残すことが大事。「今度何かあったら社長が話を聞いてくれる」と思ってもらえます。それに、保育士の横のネットワークにもプラスに働きます。「あの保育園、私はいろいろあって辞めたけど、別に会社には不満はないんだよね」と言ってもらえるかもしれません。そこまでの展開まで見すえて行動します。

実際、私が経営していた美容室はリターン組がたくさんいます。

辞めたスタッフがお客さんになったり、元お客さんがスタッフになったりすることも珍しくありませんでした。

辞めたアシスタントが次の月、私を指名して髪の毛を切りに来ることもありました。

辞めた人が5年経っていきなりフェイスブックで友達申請してきたこともあります。

社員は、私が変わらずずっと同じ社長のままでいてほしいのです。

そのほうが、辞めた人にとっても気楽なのです。

パート採用の面接で正社員の話をする⁉

保育園では、パートも貴重な戦力です。

私はパートの採用面接のとき、ずっと正社員の話をします。

私が熱く語っていると、しばらくして応募者が怪訝な顔をして
「私、パートの募集を見て来ているんですけど、大丈夫ですか？」

と言ってきます。

「わかっています。でも、一生パートとは限らないですよね？　正社員になる可能性もありますよね？　これから先、どこかで生活環境が変わるかもしれないですよね？　たとえば、旦那さんがけがするかもしれない。離婚だってないとは言えない。環境が変わったときに、雇い主として対応してあげたいから、将来のことも説明する必要があると思う。そのほうが入社後をイメージしやすいでしょう」

私はそう話します。

実際に、お金が必要になり、他の仕事をしなければならなくなるケースも多い。

パートで入社する前に、社長に正社員の話を一生懸命されていたら、いざ生活が変わる場面になたとき、どうなりますか？　「ちょっと相談してみようかな」という気になるはずです。

過去には、生活環境が変わってパートから正社員になった人もいました。

これも、人材の掘り起こしのテクニックです。

パートでも正社員でも、面接では「うちはあなたを雇う以上、長く働ける環境を担保しますよ」と伝えておくのです。

女性は安心できることが1つでも多いほうがいいと思います。

いざとなったら社長が協力してくれるというイメージがあれば、安心して働けます。

私の会社にはリターン組が多い理由は、こういうところにもあるのです。

「社長はムリを聞いてくれる」

「社長はいざというときに守ってくれる」

「一度辞めた自分でも受け入れてくれる」

そう思ってもらえるようにすることが大事です。

さすがに、パートの面接で正社員について語られたら、重たいと感じる人もいるでしょう。ましてや人生の変化まで踏み込むなんて、わけがわかりません。それでも、私の意図をなんとなくでも理解してくれる人は、長く定着してくれるのです。

入社時の面接で、すでに離職防止策は始まっているのです。

どうしたら慕われる保育士を育てられるか？

どうすれば保育士が保護者に慕われるのか？

保護者をできる限りサポートすることです。

保護者は、さまざまなことを言ってきます。もちろん園として対応できることとできないことがありますが、頭ごなしに「うちの園ではやっていません」とは言わないことです。

保護者の言うことを聞き入れて、できるだけ対応するのです。


どうすれば保育士が子どもに慕われるのか？

これも同じで、子どものやったことを肯定してあげることです。

「これは危ないから触っちゃダメだよ」と言うのではなくて、そういうことになったプロセスをきちんと聞いてあげること、「そうだったんだね」と肯定してあげることが大事です。


「あれダメ」「これダメ」と否定してくる相手を信頼する人はいません。

相手を肯定することによって、信頼してもらうようになるのです。

「もうムリです」という拒否は、その人のキャパシティがオーバーになった瞬間に出るものです。

難しい要望を否定せずに聞いて、できることが多くなれば、自分のキャパシティが自然と広がっていきます。

「もうムリ」の範囲が広がるのです。

それでは難しい要望を聞き入れて慕われるような保育士を育てるにはどうしたらいいのでしょうか？

これが最も大切ですが、経営者が保育士をできるだけ肯定することです。

みんながんばっているので、間違っていようが何しようが肯定してあげることです。

私は、保育士を頭ごなしに否定することは絶対にしません。

経営者が保育士を肯定すれば、保育士は保護者や子どもを肯定するようになります。そうすれば、保護者や子どもの無理難題も受け入れて、慕われる保育士になっていきます。

20代の保育士に昭和の根性論は通用しない

かつては肯定されていた根性論は、今やパワハラと呼ばれて否定されるようになりました。

保育士を動かそうとするとき、経営者の思いだけでは通用しません。

自分の言うことを聞いてもらう前に、相手を認めてあげなければいけません。

根性は必要ありませんが、「気合」が必要な場面はあります。

根性と気合は違います。

根性は、根元に力がないと出ない闘志。

一方、気合はその場の気のエネルギーです。思考を変えれば、行動が変わり、経験が変わります。誰もが思考さえ変えれば出せるのが気合です。

保育士の仕事は体力勝負。「気合を使い切って乗り切ろうぜ」という場面はあるのです。

実は、美容室を経営していた当時、割合ではなく数だけでいえば、私が一番クレームをもらっていました。他のスタッフより圧倒的にお客さんの数をこなしていたからです。

私の場合、はじめて来たお客さんの8割近くがリピーターになりました。これはかなり高い割合です。

一般的には50~70%程度です。

しかし、8割のお客さんがリピーターになっても、2割のお客さんからクレームが入るのです。

社内で私がお客さんから一番怒られているということがとても大事。

社員がお客さんから怒られたとき、私が「俺のほうが怒られているから、大丈夫だよ」と言ってあげられるからです。そうすれば、社員は追い詰められません。むしろ、「社長だってクレームを受けるんだから、これをバネにしてもっとがんばろう!」と、モチベーションが上がるのです。

このノウハウは、保育園運営でも生きています。

保育士が理不尽だと感じたことがあれば、会社が保育士に代わって保護者の矢面に立ちます。そうしないと、保育士の信用を得られません。

保育士がみんな精一杯やっていることを経営者が理解してあげないといけない。

「みんな気合を１００％出してやっているよね、むしろ１２０％だよね」と理解してあげるようにしています。

保育士が音を上げたときは、必ず私たちがサポートしてあげて、できないことを補ってあげるようにしています。

時には気合は必要ですが、根性なんてなくてもやっていける職場作りが大事なのです。

人材に優劣をつけて評価しない

能力を存分に生かしている保育士がいる一方で、本来の力を出し切れていない保育士がいたとしたら、どうすればいいでしょうか？

たとえ力を出し切れていないからといって、経営者は目くじら立てないことです。

百点満点のテストでいえば、80点は合格点。80％をクリアしていれば、それで十分だというのが私の考えです。

私は、能力を出し切っている保育士と、出し切れていない保育士と、まったく同じように接します。

力を出し切れていない保育士は、自分でもそのことをわかっています。それでも力を出し切っている保育士と同じように経営者に接してもらえたら、「自分ももっとやらなくては」と成長意欲が高まるのです。

そもそも、私は人材に優劣を付けて評価はしません。

もし、私がそれをしてしまったら、全力を出し切っている保育士は評価され続けようとして全力を出し続けるのではないでしょうか。それでは疲れてしまいます。

私は、基本的にすべての保育士と平等に接するように心がけているのです。


また、私は保育士の欠点を指摘しないようにしています。

ある保育士が苦手なことは、それが得意な別の保育士がサポートすればいいのです。

それが得意な保育士は、自分の得意分野がで力を発揮できます。それが苦手な保育士は、別の分野で自分の得意なことがあるはずです。そちらで力を発揮すればいいのです。

それぞれが得意分野で力を発揮すれば、保育園全体のレベルが上がっていくわけです。


みんなでチーム。得意な保育士が苦手な保育士をサポートすればいい。全員の力で目的を達成できればいいのです。


ポイントは、誰に対しても一定の対応をするということ。

時には、その場しのぎでウソをついてしまう保育士がいるかもしれません。そんなことは、誰にでもあることです。だから、私はウソかどうかを問い詰めることはしません。基本的に社員を信じます。

どんなときでも社長が信じてくれると思えば、社員はどう感じるでしょうか？「社長にはウソはつけない」と思うのではないでしょうか。

私のほうから信用しなければ、相手も私を信用しません。これは鉄則です。

私は保育士をとことん信用します。相手が苦手なことをとことんサポートすることで信頼関係が生まれるのです。

「この人はこれくらいの実力だ」と決めてかかると、目測を誤ることがあります。能力がある保育士の成長の機会を奪ってしまいかねないのです。

各社員に与える熱量は常に一定がいいのです。

だから60歳の保育士も、20歳の保育士も、同じように接します。

自分でつかむ給料、会社が与える環境

残業の少なさや働きやすさといった要因を除いて単に額面だけを比べれば、私の保育園は給料が特別高いわけではありません。相場だと思います。

給料は魔物です。

いくら上げても社員の不満は減りません。むしろストレスが増えます。高い給料をもらえば、それに見合う結果が求められるからです。

美容室を経営していたとき、若いスタッフが「給料が安い」「時間が長い」と言ってきたものです。私

はそうした話をすべて聞きます。そのうえで、「時間だけ縮めると給料も下がるよ。時間を縮めるなら、パフォーマンスを倍にしないと給料を維持できないよ」という話をしたものです。

経営者として大事なのは「お金の論争」に持っていかないこと。

保育業界に限らず、給料は会社が与えるものではありません。社員が自分で勝ちとるものです。高い給料を得ている人は、例外なく自分でつかみとっています。

一方で、いい環境は、社員の力だけでは整いません。社員の協力を得て、会社が作っていくものです。

環境を整えることと、社員を肯定することは、会社がやるべきことです。

社員が自分で勝ちとるものと、会社が整えるもの。この2つの線引きは明確にすべきです。

第3章

利益率が3倍になる保育園経営法があった！

利益率5％でも保育園を経営しますか？

一般的に、認可保育園の利益率は5％前後です。

認可保育園には公費が給付されますから、5％くらいの利益が出るような設定になっているということです。

ちなみに全産業の平均利益率は4.5％ほど。保育園は決して割に合わないビジネスではありません。

ただ、利益率が5％だとすると、仮に売上が月400万円なら、利益は月20万円。月20万の利益で保育園を経営したいですか？

たとえば、2000万の資金で保育園を開設して、毎月20万円の利益だとすれば、本当にあなたは保育園を経営し続けられますか？

月20万円の利益では、保育士1人をプラスして雇ったら即赤字です。そんな経営状態では長期的に保育園を運営するのは難しいでしょう。

私が保育業界に参入するときに心に誓ったのは「地域に多様な保育環境を永続して提供したい」ということ。

新卒で入った保育士が40年後も活躍できる。子どもを預けてくれた保護者には、人気園になっていく姿を喜んでもらえる。そんな保育園を作りたいと考えました。

利益を出さなければ、どんなビジネスも永続しません。

私が目指したのは、通常より3倍以上の利益を上げる保育園作り。

実際に今、私の保育園は一般的な認可保育園の3倍以上の利益率を見込めています。

なぜ、私の保育園では3倍以上の利益を出せるのか？

この章で詳しく説明していきます。

一瞬で行列のできる保育園は作れる

「保育園を作っても、すぐに園児が集まらないのでは……」

これから開業を考えている人は、そんな不安があるかもしれません。

実は、園児が集まる保育園を作るのは難しくありません。

保育園が足りてない場所に作れば、すぐに入園の申し込みがあるからです。

どのエリアにどれくらいの規模の保育施設が必要か、自治体は把握しています。自治体には「この地域に保育園が欲しい」という意向があるわけです。そこにピンポイントで開園すればいいのです。

そのために、役所に行って「保育園を運営したいのですが、今、計画している地域はありますか？」とストレートに聞いてみるのも1つの案です。

といっても、事前に何も調べずに役所の保育課に足を運んだところで、手取り足取りすべてを教えてくれるわけではありません。自分なりに下準備してから訪問すべきです。

各自治体は、子ども・子育て支援法にもとづく「市町村子ども・子育て支援事業計画」というものを策定しています。

まずは、それを見てみましょう。そうすれば、行政の保育政策の具体的な方向性がわかります。

「計画を踏まえたうえで、子育て支援に協力していきたい！」

役所にそうアプローチするわけです。


自治体によって、どこに保育園が欲しいか明確に言ってくれるケースもあれば、そうでないケースもあります。明言できるタイミングと、まだ明らかにできないタイミングもあります。

たとえば、新規の保育園を開設する有力候補の法人がすでにあるのに、そこに新規参入の別の法人をぶつけても仕方がありません。逆に、保育園が欲しいのに誰も手を挙げてくれない地域があれば、そのことを教えてくれる可能性は大きい。

私自身、「なかなか保育園を開設できない場所はどこですか？」と、不人気エリアを狙うことがあります。

「ほかの法人ではムリでも、私だったらすぐできますよ！」

とアピールするわけです。この「すぐ」というのがポイントです。自治体は計画通りに保育園を整備したいからです。

まずは場所選びのための情報収集が重要です。

「加算金」の条件を１つでも多くクリアする

私が運営している小規模認可保育園には、公的な給付金が出ます。給付金には、大きく分けて「基本額」と「加算金」があります。

基本額とは、園児１人あたりの単価で、地域や人数、園児の年齢などによって額が定められていて、すべての小規模認可保育園に一律に支給されます。

加算金とは、保育士の有資格者の割合や休日保育などさまざまな条件を満たせば給付額が上乗せされるものです。

この加算金の条件をできるだけ多くクリアすること。これも利益率向上に欠かせません。

加算金の１つは「賃借料加算」です。

法人が自己所有している不動産で保育園を運営しても支給されませんが、賃貸物件に入っていると、加算金が上乗せされるのです。

この賃借料加算には裏技があります。

経営者個人が所有する物件を法人が借りるという手です。それでも賃借料加算は支給されます。

たとえば、経営者個人が土地を買って、建物を建てて、自分の会社に貸す形をとるという手法があります。そうすれば、経営者個人所有の物件に、自分の法人が賃貸で入っている形になるわけです。

「栄養管理加算」は盲点かもしれません。

小規模認可保育園は自園調理が義務づけられていますが、調理員に資格は求められません。規模の大きな認定こども園では栄養士が常駐しないといけませんが、小規模認可保育園にはその必要がありません。

しかし、小規模認可保育園でも栄養士を活用すると、各園に加算金が出るのです。

たとえば、5つの保育園を運営している法人があるとします。この法人が1人の管理栄養士を雇って、5つすべての園の栄養管理を任せれば、全園一括ではなく、各5園分の加算金が支給されるというわけです。

複数の園を経営しているなら、栄養士の活用は子どもたちの健康にも経営の健全化にもメリットがあるわけです。

収益が上がって社会貢献できる「休日保育」

「休日保育加算」というものもあります。

保育園は通常、月曜~金曜の平日にプラスして、多くが土曜保育をおこなっています。

ところが、日曜と祝日も子どもを預けられる保育園はごくわずかです。

この日祝に開園すると付くのが「休日保育加算」です。

休日保育加算は、利用者が１人でもいれば支給されます。しかも１人でも、10人でも、同額の加算金です。掛ける人数ではありません。

もちろん、園児が１人でもいれば、保育士に出勤してもらわなければなりません。その分、人件費がかかります。

２人の保育士に日祝に出てきてもらって、時給１５００円だとして、２人分で１時間３０００円。10時間保育すれば３万円のコストです。それでも、もらえる給付金のほうが圧倒的に高いのです。たとえ３万円の人件費を負担しても、日祝保育はメリットが大きいわけです。

しかも、休日保育加算は丸１日開けなくても支給されます。半日以上でいいのです。園児１人が午前中に来るだけでも、１か月分フルで加算金が付きます。

ただ、休日保育をおこなうということは、１カ月間、休みなしで30～31日稼働するということ。となると、どうしてもプラスの人手が必要です。

認可保育園は公定価格でお財布の大きさが決まっていて、人件費を払うと利益が５％前後しか残らない構造です。ということは、新たに人を入れることによって利益を圧迫すると、赤字転落すると思われるかもしれません。

確かに、休日保育をやるためだけに保育士を増やすとなると、ハイコストにつながります。経営者としては、ハイコストになるくらいなら休日保育はやりません。

しかし、コストを上げずに日祝に出てもらう保育士を確保するのは難しくありません。

保育士の勤務体系をシフト制にしてしまって、平日に休んでもらえばいいのです。日祝出勤といえども、シフト制なら休日手当はいりません。シフト制のもと、月160時間という枠を守ることを、採用時点であらかじめ伝えることが大事です。

定員を埋めたほうが利益が上がるとは限らない!?

定員に満たないよりも、定員一杯の園児がいるほうが利益率が高いというイメージがあると思います。

あくまでも計算上の話ですが、小規模認可保育園で定員いっぱいの19人を受け入れた場合と、14人にとどめて休日保育を実施した場合では、利益はほとんど変わりません。

園児14人で、保育士を規定の数より1人多い状態にしても、休日保育をやったほうが残業が出ず、保育士の負担が増えることはありません。それで、利益がほぼ変わらないのです。

みんなが定員19人をいっぱいに埋めたほうが利益も大きくなると思っていますが、必ずしもそうではないのです。

シフトの作り方から運営方法まで、既成概念にとらわれず、発想を転換すると、利益率を高められます。

コロナ禍で会社の経営状況が厳しくなってくると、残業がカットされて、土日出勤も減るでしょう。時間外手当がどんどん減っていくはずです。

しかし、残業や土日出勤による稼ぎをあてにしている人もいます。

そうした人たちは、本業とは別の仕事とダブルワークするしかありません。祝日は今、ハッピーマンデー制度によって月曜にくっ付けられて、土日月と3連休になります。この3連休でダブルワークしたいと考える人がいるはずです。休日保育を実施すれば、そうした人たちがダブルワークしやすくなるのです。

「日祝なんてどうせ利用者が少ないから」という固定概念を持っている人がいますが、これから休日保育の需要は高まると私は考えています。

休日保育を実践すれば、社会に貢献できて、利益率も上がるというわけです。

まわりに休日保育をおこなっている保育園がなければ、日祝に子どもを預けたい保護者は入園を希望してくれるでしょう。ということは、集客にもプラスになります。地域の人たちに「あの保育園は日祝もやっている」と思ってもらうのは、ブランディングの面でもプラスになるのです。

ほかの園とは違うスキマを攻めることによって、収益性が上がるわけです。

「預ける人がいるから開ける」「預ける人がいないから閉める」という先入観を捨てて、保育園として収益性を上げるための戦略を練ることが大切です。

コラム◆お母さんに「息抜きできていますか?」と聞ける保育園

昔に比べて、家事が便利になったり、子どもの数が少なくなったりして、お母さんたちの負担が減っているようなイメージがあるかもしれません。

しかし、私はそうは思いません。確かに昭和のお母さんは大変でしたが、家事だけでなく仕事もしている今のお母さんもとても大変ですし、やることが確実に増えていると思います。

私は、今のお母さんたちに次のように問いたい。

「自分の好きなことに無心になれる時間がありますか?」

私は、お父さんとお母さんに時間的な余裕を与えるのも保育園の使命だと思っています。

親は仕事と育児だけやればいいのでしょうか? 独身生活を楽しんだ今どきのお父さんとお母さんは、自分の時間も欲しいでしょう。

今の親には、仕事と自分と子育ての3つの時間が必要です。

1日24時間のうち、8時間寝るとしたら、残り16時間の使い分けです。8時間働いて、残り8時間を自分の時間と育児の時間にどう振り分けるかです。

「明日、彼氏とデートだから、保育園連れてくるね」

今の保育園では、シングルマザーがそんなふうに土曜保育を依頼してくることがあります。

学校で保育理論を習ってきた保育士は「彼氏とデートなんかで保育園に子どもを預けて、保護者は何してるの!」という考えが根底にあります。しかし、私は「これからの保護者は、デートの時間があっての子育て。素直に言ってくるお母さんのことこそ、ちゃんとストレートに受け止めるべきと考えています。

今、子どもを育てるシングルマザーがたくさんいます。未婚で産む女性もたくさんいます。かつてはお父さんとお母さんが揃っている家庭が当たり前でしたが、令和の時代はそうではありません。保育に携わる現場として、多種多様な保護者たちに対応すべきではないでしょうか。

有給休暇を考えてみてください。どんな理由だろうが、有給休暇をとるのは労働者の権利です。親戚の法事に行くためにとるのも、彼氏とデートのためにとるのも、労働者の自由です。保育園に子どもを預けるのも、これと同じ感覚になってくる可能性があると私は思います。

「子どもを産んだからには一生懸命子育てしなければ悪だ」という考え方がありますが、それがシングルマザーがいい人を見つけるための機会損失になる可能性があります。

シングルマザーが増えていることを考えると、「子どもがいるのにいい人探しするのはおかしい」「子どもを産んだら、お母さんはすべての時間を子どもに注ぐべきだ」という旧来の考え方が、これからは変わっていかざるをえないと思っています。

子育て中の保護者には、保育園をうまく活用して、自分の時間を確保してもらいたいと思っています。

「今どきのお母さんは」と言う人がいます。しかし、昭和の時代は、祖父母と暮らしている子育て家庭が今とは比べものにならないくらい多かったのです。かつてはお母さんは自分の親に頼れました。今より地域社会も機能していました。隣のおばさんが子どもを気にかけてくれていたのです。

核家族化が進み、地域のつながりが薄れた今、お母さんをサポートするのは誰なのでしょうか？

保育園しかありません。

保育園がお母さんの味方にならずして、誰がなるのでしょうか？

保育園に預ける理由なんかなくてもいいくらいです。

お母さんには、保育園をうまく使ってほしいと思っています。

しかも保育園は3歳児以降は無償化されました。それならなおさら最大限に使ってほしいというのが私の考え。

このように、サービス業として保護者の変化に柔軟に対応する意識があれば、保育園を始めても必ず生き残っていけます。

園長には事務仕事をさせない

保育園を運営するには、事務仕事も発生します。

勤務表の作成や経理、行政に提出する書類の作成、給与計算、備品の発注、支払いなど、多岐にわたる事務仕事があるのです。

大規模の認定こども園などには事務員がいますが、小さな保育園の多くは事務員を雇っていません。園長が事務作業をすべてこなしているケースが大半です。だから園長が現場に立つ時間を確保できません。

私の保育園は小規模ですが、事務員を雇っています。園長がこなす事務作業を一気に削るためです。保護者面談や行政とのやり取りについては、私が担っています。

たとえば、保育園を経営していると、保護者の銀行口座の残高不足で保育料を引き落とせないといった事態が起こります。そのとき、保護者に保育料を請求する仕事を園長にお願いすると、大きなストレスがかかります。残業も発生するでしょう。そこを法人としてカバーしているのです。

事務員を雇えば、園長の負担や残業を減らせますが、それだけが目的ではありません。数字をしっかり管理するためでもあるのです。

保育園の年間の売上や経費は4月時点でほぼ確定します。多少の入退園はありますが、毎月の保育料や給付金などは一定だからです。

それでも、利益を少しでも上げるためには、きちんと数字を管理しなければなりません。外部の会計士にもお願いはしていますが、入力作業は社内でおこないます。ここで1円でも合わないだけでも時間を奪われます。いらないところに時間をとられるくらいなら、事務員を確保して正確に処理したほうが効率的です。

私の保育園では、事務員は法人で1人です。この事務員が7つの保育園すべての事務をカバーしています。

1つしか保育園を運営していなければ事務員を雇う余力はありませんが、複数園を運営しているからこそ、これが可能なのです。

複数の保育園を運営することによって、各園の経費を薄めていけるわけです。そうすれば、全体の利益率が高まります。

調理のパートの方を1園に1.5人配置する

小規模認可保育園は、自園給食が義務づけられています。

私は磐田市内で3園を運営していますが、ルール上、正社員を他園にヘルプに行かせてはいけません。ところが、パートの方なら他園にヘルプに行ってもらうことができます。

給食の調理員はパートの方ですから、複数園で共有できます。私の園の場合、3園で調理員が5人くらい。この5人はシフト制です。

1つの園の園児19人に対して、調理する量は大人5~6人分。おおよそ1家族分強です。

家庭のお母さんは、2時間も3時間もご飯作りに時間をかけません。せいぜい1時間くらいです。

ということは、小規模認可保育園での調理も1人で1時間程度。長く見積もって2時間です。

パートの方は、夫の扶養内で働いている人がほとんど。その上限が月8万5000円くらいです。

そこで、パートの方の採用面談のとき、ダブルワークかどうかを確認します。月収が８万５０００円を超えないように調整するためです。もし、別の仕事で月３万５０００万円の収入があるとすれば、私の園では月収５万円以下にすることから逆算してシフトを組みます。そうすれば、２つのパート先の収入が合計で８万５０００円以下に収まるからです。

こうした仕事量と扶養の範囲などをトータルで考えて、３園で５人のパートのシフト制にしています。

保育園によっては、保育士が給食を作っているケースがあるようです。しかし、私はそんなことはさせません。保育士は調理したくて保育士になったわけではないからです。私はそういうコストの削り方はしません。

年収３００万円と年収４００万円では役割が大きく違う

経営者の頭を悩ませる要素の１つが社員の給料です。保育園の場合、果たしてどれくらいの金額に設定すればいいのでしょうか？

私は、年収３００万円を目安にしています。

保育士が結婚して家庭を持ったときのことをイメージしてみましょう。夫が公務員なら、20代で年収４００万円強。そこに保育士の妻の年収３００万円が加わるのです。世帯年収７００万を超えれば、地方ならムリなく子ども2人育てられます。それでも夫は妻に「仕事を辞めてほしい」と言いますか？　きっと言いません。続けてほしいと思うはずです。

公務員は年々昇給していきます。いずれは世帯年収が1000万円に届くでしょう。妻が保育士を長く続ければ、子どもが2人いても豊かな生活を送れます。

これが、私が保育士の年収を300万円前後に設定している根拠の1つです。

この年収300万円を時給に換算してみましょう。

1日8時間、年間240日働くと、年間労働時間は1920時間。

300万円を1920時間で割れば、時給は約1560円です。

地方で時給1560円の仕事は、決して安くはないと思います。

私の園の社員に言っているのは「年収400万円を超えてくると、マネジメント側だよ」。マネジメント側になると、保育士としての仕事だけではなくなります。対外折衝や人の管理などもやらなければなりません。中には、やりたくない仕事も出てくるでしょう。これが年収300万円と400万円の大きな違いです。

この差の100万円は、扶養の範囲内のパートの方を1人雇える金額です。年収400万円の社員は、年収300万円の社員と年収100万円のパートの計2人分の仕事をこなさなければならないのです。

年収300万円なら、私から「疲れてない？」「ミスしても大丈夫だよ。私がやっておくから」と言ってあげられますが、年収400万円になるとそうはいきません。

年収４００万を払うということは、会社の利益向上に貢献してもらわなければなりません。それに、マネジメント側になれば残業が発生することもあるでしょう。そうなると、プライベートの時間を犠牲にして、その分の報酬を得たにすぎません。それよりも、プライベートの時間、家族との時間を大切にしてほしいのです。

保育の場合、子ども１人に対して１人でできることには限界があります。どんなに優秀な保育士でも、２人分の役割は果たせません。１人は１人です。子ども１人に対して、飛びぬけて優秀な保育士１人よりも、普通の保育士が２人いたほうが隅々まで目が行き届いた保育ができます。ということは、２人分働く人を１人雇うよりも、１人分の人を２人雇ったほうがいいのです。

ちなみに、私の保育園では、正社員の保育士の９割くらいは残業していません。残業は、保育士にとって負担が大きい。会社にとっても残業代は時間単価が高い。残業をなくしたほうが、保育士にとっても会社にとってもメリットが大きいのです。

どんな家庭も受け入れれば、行政からの信用が絶大になる

子どもを保育園に預けようとしている家庭の環境はさまざまです。中には、社会的、経済的にピンチに

陥っている家庭もあります。

私は、自分が経営する保育園は多様な家庭の受け皿だと思っています。ピンチな人ほど救ってあげなければならない。できる人がやればいい。ほかの保育園がムリと言っても、私たちはできるだけ対応したいと考えています。それが児童福祉施設の使命だと考えています。

認可保育園の場合、入園手続きの窓口は役所が一括して担っています。

役所の担当者は、さまざまな事情を抱えた入園希望者に対応しますが、「誰が経営している保育園ならこの家庭に対応できるかな？」と思案するわけです。

そのとき、「あの保育園なら、なんとかしてくれる」と思い浮かべてもらえるかどうか。

たとえば、転園を繰り返しているような家庭を受け入れて、そこからピタッと転園しなくなったら、役所には「あの保育園はすごいな」という評判が立ちます。さらに、トラブルの電話が役所に入らなければ、「あの保育園は乗り切ったんだ」という評価につながります。こうしたことを積み重ねていくことによって、行政からの信頼が高まっていきます。

役所に「あの保育園に任せればなんとかしてくれる」と思ってもらえると、どうなるでしょうか？　園児集めで困ることがなくなるのです。

園児が19人を超えたらもうひとつ園を作る

1園目に小規模認可保育園を開いたとすれば、園児の定員は19人。この運営が軌道に乗って、定員以上の入園希望者が集まるようになったら、２つ目を開園しましょう。

19人の定員に入りきれないくらい入園希望者がいるということは、人気商品が売り切れている状態。現状のキャパシティ以上の需要があるということです。

保育を受けたいという子どもが地域にあふれているなら、そのニーズを満たしていくことがまさに社会貢献。園児が定員数を超える前に、次の園を作る準備を始めましょう。

収益性を高めるためにも、法人としてステップアップしていく意味でも、複数の園を運営するメリットは大きなものです。

私は株式会社で保育園を経営しています。

社会福祉法人やＮＰＯ法人といった非営利団体が運営している保育園が多いですが、株式会社とは何が違うでしょうか？

非営利団体の場合、営利を目的にはできません。

いくら利益が伸びても、それを職員に分配することができません。あくまでも「非営利」だからです。

一方、株式会社は営利目的です。園を増やして利益が伸びれば、それを社員に還元できます。

飲食店の多店舗展開をイメージしてみてください。

飲食店を開業して行列ができるほど人気が高まると、2号店、3号店を出していきます。店舗を増やして規模を大きくすればするほど、売上も利益も伸びていきます。さらに、大量仕入れやセントラルキッチン導入によってコストを下げ、利益率を上げていきます。そうなると、社員の待遇も良くなっていきます。

保育園経営も、これと同じです。

お客さん視点でも、自分のお気に入りのお店が繁盛して、2号店を出せば「あの店、まだ1店舗しかなかったときから通っているんだよね」と鼻が高いものです。

これと同じように、自分の子どもを預けた保育園が人気園になって、次々と新たな園を開けば、「あの園に入れてよかった」と思うでしょう。

私は、営利目的の株式会社による保育園が繁盛することは、そこに通ってくれた親子のこともハッピーにすると思っています。

だから私は1年に1園のペースで保育園を開いています。

2園目は同じ自治体内に開く

2園目を作るときのポイントは、できれば1園目と同じ自治体内にすること。

同じ自治体内なら、一度認可申請の手続きを経験しています。やり方の勝手がわかっており、二度目の手続きがスムーズになります。自治体の担当者とも知り合っているでしょう。マーケティングもすでにやっています。

同じ自治体内での2回目の申請は、1回目と時期が大幅に変わらなければ、スムーズに進められるのです。

私の場合、1園目を開設する当初から、いずれは保育料が月6万円の認可外保育園を開くことを目標に設定していました。

そこから逆算して、地元の磐田市内に3つの小規模認可保育園を作ろうと考えました。そうした全体のプランを構想したうえで、1つ目の小規模認可保育園を開いたのです。

行政としては、毎年待機児童が出る地域に保育園を出したい。複数園の開設を考えているなら、マーケティングのときに1つ目に開くエリアのことだけでなく、自治体内全体の状況を把握しておくのです。さらに、どの地区の必要性が高いか優先順位を付けておきます。そうやって3つの認可保育園をオープンさせていきました。

市内に待機児童が何人くらいいるのか？

潜在需要がどれくらいあるのか？

その自治体には保育園が何園あって、さらに何園が必要なのか？

2園目に向けて、こうしたことを早めにリサーチしておきましょう。

認可と認可外、どちらが利益を見込めるか?

この章では主に認可保育園での利益の出し方を述べてきました。しかし、単純に利益を出すことだけを考えたら、認可外保育園のほうが有利です。

というのも、認可外保育園は保育料を自由に決められるからです。

実際に、東京などの都市部では月10万円の認可外保育園が珍しくありません。月20万円かかる保育園もあります。

子どもの保育のためにそれだけの金額を払う家庭があるということです。

認可外保育園なら、自分がやりたいと考えている特色の濃い保育をとことん追求できます。

ただし、その保育方針に賛同する保護者を行政に頼らずに自力で集めなければなりません。

認可外保育園のほうが大きな利益を出すことが可能ですが、同時に集客のリスクが伴います。

一方、認可保育園なら、園児の募集窓口は自治体です。利用料も決められていて、給付金も支給されます。

短期的には認可保育園のほうが経営の安定性が高いのですが、長期的にはそうとは一概には言えません。

公的な認可を受けて税金をもらうということは、公立園に準じた保育園にしなければならないのです。

認可保育園の場合、当面の安定経営は期待できますが、自分が思い描く保育を自由にできるわけではありません。

それに、少子化が進んでいく将来、今の認可保育園制度がこのままずっと続くとは限りません。

いずれは認可保育園にも淘汰の時代がやって来るでしょう。

他の保育園との競争になったとき、特色がなければ生き残れない可能性があります。

その点、認可外保育園は、個性を出して保護者に選ばれることができれば、長期的に生き残っていける可能性が高いといえます。

特色を打ち出せば高額保育料も十分可能

認可保育園は、民営といえども公的なルールにもとづいて横並びの保育をおこなわなければなりません。保護者の負担は全国一律で、保育内容も大差はありません。

認可保育園に子どもを預ける保護者も、ユニークな保育・教育を求めているわけではありません。

しかし、認可外保育園は特色のある保育・教育を自由に実践できます。

保育料の設定も自由です。

実際に、英語や知育などの幼児教育を実践している認可外保育園は全国にたくさんあります。

東京都内など都市部には、月10万円以上の保育料をとる認可外保育園が数多くあります。今は認可外保育園でも行政の認証を受ければ月３万７０００円まで無償化されます。保育料が月10万円なら、保護者負担は６万３０００円です。

幼児教育・保育が無償化されたこともあって、とても高く感じるかもしれません。

しかし、幼児1人の保育には、月20万円弱のコストがかかっています。それでも認可保育園なら無償や安価で利用できるのは、税金が投入されているからです。

もし、税金が1円も投入されなかったら、保育園に1人預けるには月20万円近くかかるということです。

それを考えると、月10万円の保育料は決して高くありません。

そもそも、価値が価格を決めるというのが本質です。価格が価値を決めているわけではありません。保護者が価値があると思えば、月10万円の保育料を高いとは感じません。月10万円という価格から価値を判断するのは本末転倒です。

私は保育料が6万円の認可外保育園を経営していますが、ある人にそのことを話したら、いきなり「高いね」と言われたことがあります。保育内容を知らないにもかかわらずです。これは価格から価値を判断している典型。そうではなくて、価値ある保育を求める保護者も一定数はいます。

都市部だろうが地方だろうが、認可外保育園なら、自分が提供する価値に見合う価格を設定すればいいのです。そこに価値を見出す保護者がいれば、子どもを預けてくれます。

認可外保育園にも設置基準がありますが、認可保育園ほど厳しくはありません。

たとえば、認可保育園では園長は保育士の人数にカウントされませんが、認可外ならカウントされます。

つまり、認可保育園では園長と保育士がいて、はじめて0歳児3人を見られますが、認可外保育園なら園長1人いれば0歳児3人を見られます。ほかにも、保育士資格の保有者の数も認可外は認可園ほど確保しなくてすみます。

あくまでもイメージですが、認可保育園では５人の保育士が必要だとすれば、認可外保育園なら２分の１の2.5人ですむといった具合です。

保育する場所の基準も認可保育園ほど厳しくありません。

認可外ならこのようにコストを大幅にカットできますから、たとえ売上が少なくても利益を確保することは工夫次第で十分可能です。

保育園を始めるというと、「認可をとらないとムリだよね」と思う人がいます。私はそうは思いません。やろうと思えば、いくらでも方法があるのです。

認可外で利益を出すなら3歳児から

認可外保育園を運営するときに気をつけるべき点があります。0～2歳児の受け入れは慎重に検討したほうがいいということです。0～2歳児は1人の保育士が見られる数が少ないからです。

それに、保護者が生まれたばかりの0歳児を認可外保育園に預けるケースは少ない。認可外保育園に入れるとしても、2～3歳からが一般的です。

このため、認可外保育園を経営するなら3～5歳に限って勝負していけばいい。それでもターゲットを広げるなら2歳児まででしょう。

3歳児なら、保育士1人で20人を見られます。一気に規模を大きくできるのです。

さらに4～5歳児は1人の保育士が30人を見られます。ほとんど小学校レベルです。子ども1人の保育料を月3万円に設定しても、30人で売上は月90万円です。

ここは逆算しましょう。運営するのに月200万円かかるとします。それを園児30人で割れば、1人7万円くらいもらわないと成り立ちません。それが20人なら月10万円になり、6人なら月34万円です。単純に、運営費を人数で割ればおおよその保育料を想定できます。

保育料を考えると、年齢が下になるほど経営のリスクが高まるのは明らかです。

ただ、保育のニーズは0～2歳児が高い。待機児童が多いのはこの年齢だからです。

一方で、３～５歳児は保育園間での園児のとり合いですが、内容を濃くしさえすれば、利用してくれる保護者は必ずいます。

私は美容室を経営していた当時、最初はそつなくやっていました。お客さん10人中10人に受け入れられるようにやっていました。しかし、それではいずれ飽きられて、長く続かないと思ったのです。

私は、お客さんに反発されようと、プロとしての提案を貫くことにしました。

その結果、20％のお客さんは離れていきましたが、80％のお客さんはコアなファンになってくれたのです。

これは認可外保育園の戦略にも適用できます。

万人受けする保育園に高い保育料を払う人はいません。コアなファンにだけ、集まってもらえればいいのです。

認可外への信用を高めるテクニック

私が経営している認可保育園は「ハッピー保育園」という名称です。２園目からも同じ名称で、「ハッピー第二保育園」「ハッピー第三保育園」と増やしています。

認可外保育園は「ハッピーアカデミー」、小学生の放課後を預かる児童クラブは「ハッピー児童クラブ」

という名称です。

すべて「ハッピー」を冠しています。

私の会社のホームページのトップページには、ハッピーグループとしてこれらすべてを並べています。

多くの保護者が保育園を探すとき、インターネットで検索します。

私は、ハッピーグループのホームページを立ち上げています。この中に、各保育園や児童クラブを掲載しています。

これを見た保護者に「いくつも児童福祉施設を経営している大きなグループなんだ」と安心してもらうためです。

その中に認可外のハッピーアカデミーも並んでいるのです。これは、認可外のことも認可園と同じように信用してもらうためのテクニックです。

ハッピーグループのホームページは、役所のホームページにもリンクしています。

そうすると、役所のホームページから飛んできた人たちにも、認可と認可外の分け隔てなくハッピーグループとして認識してもらえるのです。

それに、ハッピー保育園をフルネームで呼ぶ人はいません。ほとんどの人は「ハッピー」と略します。

認可園も認可外もすべてハッピーに揃えているので、すべてが「ハッピーさん」になります。

その結果、認可外のハッピーアカデミーも認可園と同等の印象を得られるわけです。

保護者の話にできるだけ耳を傾ける

私は、保護者の希望をできるだけ実現するようにしています。

私は基本的に保護者を否定しません。「それダメだよ」「こうしないで」と頭ごなしには言いません。

大切なのは「０→１」です。つまり、これまでやっていなかったことでも、希望があれば始めるということです。それまで保育園にやってもらえなかったことをやってもらえるようになると、保護者のストレスは激減します。

一方で「１→２」はそれほど大事ではありません。すでにやっていることの量を増やしても、保護者の満足度はそれほど上がらないからです。

現在のお母さんは逃げ道がまったくありません。多くのお母さんはいまだにワンオペです。ワンオペで苦しんでいるお母さんの不満の矛先が夫に向かってしまっては、夫婦喧嘩がこじれるだけです。子どもにもプラスになりません。だから、お母さんは夫にあたるのをグッとこらえます。

それではどこに不満の矛先を向けるのでしょうか？　外部です。そのはけ口の１つとしてぜひ保育園を使ってほしい。保育園が頼り先であってほしいと思っています。保育士は、親でもママ友でもなく、ほど良い距離感の存在です。だからこそ、保育士を頼ってもらいたいと思っています。

私は保育士たちに「お母さんが不満を言ってくれるのは、ありがたいことだよね」と話しています。

子どもは、親が自分の話を聞いてくれないと、自分も親の言うことを聞きません。

これとまったく同じで、保育園もまず保護者の言うことを聞いてあげないと、こちらのやりたいことを保護者は聞いてくれません。

保育士が「言うこと聞いてくれない保護者が多いんですよ」とつぶやいたら、多分、こちらがお母さんの言うことを聞けていないのだと私は発想します。

「保育をもっと変えていこう！」という話を保育士たちにします。

まずは私たちが保護者の言うことを聞いてあげる。「やってみよう」「それでいいよ」というスタンスです。そうすることで、保護者は私たちのことを信用してくれます。そうなれば、子どもも私たちのことを信用します。

子どもに対していくら質の高い保育を実践したとしても、保護者との距離が離れていたらまったく意味がありません。

時には難しい問題がありますが、それでもまずは聞いてあげます。

ムリを言う保護者は、ムリとわかって言っているケースと、ムリだとわからなくて言っているケースに分かれます。

たとえどちらだったとしても、私たちが試されているのです。これは、保護者が子どもに試される「イヤイヤ病」と一緒。試された側がどういう受け答えをするかによって、相手の態度が変わるのです。

保護者の信用を得られれば、地域での評判が良くなって、地域からの信用も自然と上がっていきます。

サービス業を意識できない保育園は淘汰される

私は今、飲食業も手がけています。

お金をもらっている以上、飲食業も保育もすべてサービス業だと思っています。

保育園も、利益を自分たちでコントロールしていくことを考えると、サービス業ととらえて間違いないと思います。子どものいる家庭に対するサービス業です。

飲食業でも小売店でも、サービス業ではお客さんのクレームがあればまずは真摯に受け止めます。「ルール上ではこうです」「我々の責任ではありません」などと、いきなり言い訳することはありません。

民営会社として利益を得ている以上、保育園もこうしたサービス業と同じスタンスで運営すべきだと思います。

サービス業と表現すると、保育士は「は？　何言っているの？」といったリアクションをします。サービス業とは、それくらい保育士の思考を停止させるキラーワードです。

保育士は「どこをどうしたらサービス業になるの？」「私たちはサービスしているわけじゃないし」という感覚です。

私は、人が喜ぶ仕事をするのはすべてサービス業だと思っています。だから、保護者に喜んでもらえない保育園は選ばれない時代だと言いたい。

「どんな仕事をしているの?」。そう聞かれたら、あなたはどう答えますか?

私は保育士に「人に喜ばれる仕事をしています」と答えるようにアドバイスしています。相手に「どういうこと?」と聞かれたら、「保育を通して地域の人たちに喜んでもらっています」と答えるのです。このプロセスをはさんでほしいと思っています。

それぞれの家庭に寄り添った保育園を運営していかなければ人気園にはなれません。

人口は減っていきます。出生率も下がっていきます。

保育園も幼稚園も認定こども園も次々とつぶれていく時代がすでに到来しています。

その中でも生き抜いていくためには、家庭に寄り添ったサービスを提供するしかありません。

利益は、儲けるために出すのではない

私が認可外保育園「ハッピーアカデミー」を開設したのは2021年のことでした。私にとっては初の認可外保育園です。人口約18万人の地方都市で保育料が月6万円の保育園を作ったのです。東京なら保育料が月12万円くらいかかる施設を、田舎で月6万円で作りました。

ハッピーアカデミーは、いずれは30~40%の利益率になると見込んでいます。

私は小学生向けの児童クラブも運営していますが、その支援員の資格をとる条件は、社会福祉士や保育士、看護師といった社会福祉系の資格や児童クラブ経験です。

保育士は今は5歳児までを見ていますが、いずれは児童クラブで12歳まで見るという全体像を国は描いているのではないでしょうか。

会社の利益を上げていくためには、認可保育園もやり、認可外保育園もやり、さらには児童クラブも経営して長いスパンで子どもたちを保育・教育するというのが理想だと思います。

私は、この全体像の中でなんでもできる保育士を育てているのです。

そうすれば、これから生き残れる保育士が育ち、利益率の高い会社を作れるのです。

私は通常の3倍以上の利益をすでに上げていますが、何も儲けるのが目的ではありません。

利益は、時代が求める新たなサービス作りに投資して、会社をより良くするために使うものです。

事業を継続して、１００年続く保育園を作るために利益を出しているのです。

コラム◆お母さんの就労を支援するレアな保育園

働いていて子どもを保育園に預けていたものの、職を失ってしまうお母さんもいます。とくにこのコロナ禍でそうしたお母さんが増えました。保護者が仕事をしていないとなると、子どもは保育園を出なければなりません。

しかし実際に退園するまでに1～2カ月の猶予があります。

その間に仕事を見つけられればいいのですが、コロナ禍のこのご時世、そう簡単にはいきません。

そこで、そんなお母さんたちのために、私は就労支援も始めました。

私は保育園とは別法人で、テイクアウトの飲食業を手がけています。失業したお母さんにそこで働いてもらえば、就労証明を出せるというわけです。

多分、就労支援に取り組んでいる保育園は、ほかにあまりないでしょう。

そこでつなぎででも働いてくれればいい。焦らずに、やりたい仕事を探してもらえれば、と思っています。

お母さんにとっても、考える時間、学ぶ時間が必要です。

ひと昔前は終身雇用のもと、ほとんどのお父さんは一度就職すれば定年まで働けました。ところが今は大手企業に就職したからといって必ずしも将来安泰ではありません。会社が倒産したり、早期退職を促されたりすることも起こりえます。家族のリスクマネジメントが必要な時代に突入しているのです。

人生１００年時代。65歳で定年を迎えたとしても、残り35年。45年くらい働いた先には、35年くらいの老後を送らなければなりません。

そう考えると、お母さんの学びや仕事がこれまで以上に重要になっていくのです。

第4章

保育園経営は誰でもできる

経験や知識がなくても保育園は経営できる

私が保育園を経営していることを知ると、興味を持つ人は意外と多いものです。中には「自分も保育園を始めたい」と話す人もいます。

「どうせ起業するなら、社会に貢献したい」

そんな志がある人が思い浮かべるのは、医療や福祉、介護といった事業。これらの分野は、少子高齢化によって社会問題としての重要性が今後も高まっていきます。

せっかく起業するなら、お金を儲けるだけではなくて、社会の役に立つようなビジネスを始めたいという思いを抱いている人が少なからずいるのです。そうした人たちが児童福祉施設である保育園の経営に興味を持つのは自然な流れです。

とはいえ、なかなか一歩を踏み出せない人が多い。

「保育の経験がないから……」

「お金がないから……」

保育園経営に興味があっても、そんな理由であきらめている人がいるでしょう。

私は、学校で保育を学んだわけではなく、ましてや保育業界の経験もなく、保育について詳しくはない状態から準備を始めました。

保育園経営者に必要なのは、経験でも知識でも、ましてやお金でもありません。保育園の経営者は、保育士の資格もいりません。

「やり抜く覚悟」

保育園経営者には、これが最も必要です。

保育園を始めるからには、10年、20年と責任を持ってやり続ける覚悟があるかどうか。

覚悟なら、誰でも持つことができます。

だから保育園経営は誰にでもできるのです。


未経験者でも、土地のオーナーでも、保育士でも、やりたい人がやればいいのです。

もし、親が自分の理想とする保育園を作りたいなら、作ってしまえばいいのです。

もし、自分の子どもの預け先がないならば、親が自分で作ってしまってもいいのです。


「そうはいっても、保育園の専門的な知識がないから……」

と不安を感じる人もいるはずです。

基本的なことはすべてルールで細かく決まっています。そんなことは調べればどうにでもなります。今はインターネットで検索すれば、たいていの情報は得られます。

保育園は規模が大きければいいわけではありません。自分の家を改造した小さな保育園から始めてもいい。やり抜く覚悟さえあれば、やり方はいくらでもあるのです。

サラリーマンでも「兼サラ」でオーナーになれる

「サラリーマンの僕でも保育園を経営できますか?」

そう聞かれたら、私は「イエス!」と即答します。

これからはサラリーマンでも副業をやらないと食べていけない時代がやって来るといわれています。国も働き方改革の一環として、副業・兼業を促進しています。

副業や兼業で保育園を経営することも十分可能です。

稼いだお金を福祉事業に回して社会貢献したいというなら、どんどんやればいいと思います。

私は経営していた美容室のほとんどを元社員に譲渡しましたが、契約上、いまだに経営しているサロンもあります。テイクアウトのフルーツサンド屋や軽トラの石焼き芋屋も新たに始めました。

私自身が4つも5つも兼業を実践しています。

私は社員に「やりたいことを3つくらい持てよ」と常々話しています。

「やりたいことを1つだけ見つけようとしないほうがいい」というのが私の考え。アメリカでは、年収500万円くらいの層はトリプルワークが珍しくないそうです。世界の中での地盤沈下が激しい日本も、いずれそうしなければ生活できない時代が来るでしょう。

やりたいことを1つ貫くのは昭和の価値観。ダブルワークが平成の価値観なら、令和はトリプルワークが当たり前の時代になると思います。

トリプルワークの内訳を、私は次のようにイメージしています。

サラリーマンとして会社に最低限の生活を保障してもらえる仕事が1つ。

２つ目は稼げる仕事。やりたいか、やりたくないかを置いておいて、ちゃんとお金になる仕事です。

３つ目は、趣味の延長です。稼げなくても、自分が楽しめる仕事です。もし、ニーズがあってお金になるならそれに越したことはありません。

平均的なサラリーマンの年収で考えると、本業の会社員で４００万円、稼げる副業で２００万円、趣味の延長で１００万円の計７００万円というのが私のイメージです。

土地持ちの大家さんならスタートは有利

保育園経営は、本気にさえなれば誰にでもできますが、中でも有利なのが土地持ちの大家さんです。

保育園を始めるために必ず必要になるのがハコ、つまり「保育する場所」です。しかし、大家さんなら保育園用の土地を買ったり借りたりしなくてすみます。土地だけでなく、建物もあれば申し分ありません。

個人名義や別法人で不動産を持っているなら、それを保育園に貸す形にできます。

保育園経営の場合、３章で触れたように賃借料加算が支給されます。だから保育園を運営するにあたって、土地持ちは最強なのです。

私は保育園を開設するとき、場所をリストアップしたら、土地を買いに行きます。テナント物件は探しません。というのも、地方にはテナント物件が少ないからです。このため、自ら不動産を購入せざるをえないケースが多いのです。

それに、不動産を買った場合と借りた場合のコストを計算すると、ほぼ変わりません。

つまり、地方ではテナントを借りるよりも不動産を買ったほうがスピードも速くてコストも安いのです。

認可なら公的資金を使った安定経営

認可保育園を始めるなら、公的資金が投入されます。

園児1人あたりに支給される金額や各種加算金の計算方法、利用者負担などの基準が定められています。

このため、公的資金を使って安定的に経営できます。これは認可を受ける大きなメリットです。

ただ、メリットの裏には必ずデメリットがあるのが世の常。

経営が安定する一方で、差別化を図るための強い独自性を出せません。

確かに、公的資金で経営の安定が保証されていますが、果たして、少子化が加速するこれからの世の中で、個性のない保育園が生き抜いていけるのでしょうか？　私はかなり危ういと思います。

公立園に準じた運営がやりたいなら、認可をとるのがおすすめです。

一方、公立園の枠に収まらない個性的な保育を実践したいなら、認可外保育園を作ってもいいと私は思います。


それではなぜ、私は認可保育園から始めたのでしょうか？

「信用」をとりにいくためです。

いきなり認可外保育園を作って「うちに入ったら暗算世界一になれますよ！」とアピールしたところで、どれだけの保護者が魅力を感じるでしょうか？　海の物とも山の物ともつかない保育園に、大切なわが子を預けるでしょうか？　実績がなければ保護者に信用されません。

私の場合、まずは認可保育園を始めて、信用を得てから個性的な認可外保育園を作ろうという戦略でした。


私は、認可をとることにこだわる必要はないと思っていますが、ただ、はじめて保育園を運営するなら、まずは信用を得るために認可から始めたほうが圧倒的なスピード感で経営を軌道に乗せられます。

私の場合、２０１６年に最初の保育園を立ち上げて、５年後の２０２１年に満を持して認可外保育園を開設しました。

自分が目指す保育園作りから逆算して、認可をとるかどうかを判断するといいでしょう。

認可の中でも始めやすいのが「小規模保育園」

全国的に足りていないのは、0～2歳児を受け入れる保育園です。

この年齢の子どもの預け先がなくて困っているお母さんがたくさんいます。

私が経営している保育園のうちの6園は、まさに0～2歳児を対象にした小規模認可保育園です。この先行きを見通しにくい世の中で、共働き家庭が減るとは考えにくい。そうなると、小規模認可保育園のニーズが大きく下がることはないでしょう。

待機児童問題の解消を目指す自治体から、新規参入の法人が認可をとりやすいのも小規模認可保育園です。

注意すべきは、認可のとりやすさは自治体によって異なること。そこはリサーチすべきです。

自治体によっては、保育園の運営実績がある法人にしか小規模保育の認可を下ろさないケースがあります。

たとえば、神奈川県藤沢市は保育園や認定こども園、幼稚園などを運営している事業者に限定しています。

ところが、お隣の茅ケ崎市は市内での保育園の運営実績を問いません。新規参入の法人にも広く門戸を開いている自治体があるのです。

自治体によって募集要項が大きく異なることに留意してください。

実は、私は最初に認可を申請したときには却下されました。
そこで、すぐに認可外保育園を開いて実績を作り、のちに再度申請して認可をいただけました。

小規模認可保育園を開設するときにネックになることの1つが、3歳児からの転園先の確保です。
小規模認定保育園の受け入れは2歳児までなので、3歳児になったら別の保育園に転園してもらわなければなりません。子どもの行き先を確保するために、小規模認可保育園は他の認可保育園との連携が欠かせません。これが小規模認可保育園の認可条件でもあります。

私も他の保育園と提携しました。

しかし、これが難しい。まだ認可を得ていない保育園が、他の認可保育園に提携を持ちかけても相手にされません。

そもそも、相手先の認可保育園の誰に話を持ちかければいいかすらわかりませんでした。
提携の判断ができるのは園長ではなく理事のケースが多いのですが、保育園に理事は常駐していません。理事とダイレクトに話せるチャンスは少ないのです。

同じ自治体内で1法人が3つも4つも保育園を運営しているケースが多いことを考えると、自治体内で認可保育園を運営している法人が5つなら、チャンスは5回。この5法人に提携を断られたら、先に進むのが難しくなります。

小規模認可保育園は、新規参入の法人が認可をとりやすい形態ですが、念入りな情報収集と下準備が必要です。

●小規模認可保育園の応募資格の例

神奈川県藤沢市（2022年4月開所）

令和3年4月1日時点において、次のいずれかの条件を満たす事業者

(1) 神奈川県内または東京都内で認可保育所を運営している事業者
(2) 定款に記載されている事務所の所在地が藤沢市内の社会福祉法人
(3) 藤沢市内で幼稚園を運営している事業者
(4) 神奈川県内で認定こども園（幼保連携型、幼稚園型、保育所型のいずれかに限る）を運営している事業者
(5) 神奈川県内で地域型保育事業を運営している事業者
(6) 藤沢型認定保育施設を2年以上運営している法人
(7) 藤沢市内で企業主導型保育事業を運営している事業者

ただし、既存の藤沢型認定保育施設及び企業主導型保育所を小規模保育事業へ移行する提案は不可とします。

0～2歳児は認可で小規模。3歳～認可外が理想的

保育士のルール上、0～2歳児については、保育士1人が見られる人数が少ない。このため大きな保育園では、0～2歳児よりも3歳児からの定員のほうが大きいケースがあります。その場合、2歳児クラスからの持ち上がりに加えて、3歳児から新たな園児を募集しないと定員を満たせません。

中には3歳児からしか受け入れていない保育園もありますが、その場合はなおさら3歳児の募集が経営を左右します。

0～2歳児は保育園不足が当面続きますが、3歳児以降は園児のとり合いになっていく可能性が高い。そう考えると、3歳児以降を受け入れている認可保育園は園児募集が苦しくなることでしょう。これからは立地条件の悪いと選ばれなくなってしまいかねません。

かといって、認可保育園は他園と差別化するために際立つ特色を出すわけにもいきません。将来、認可保育園は「特色を出したいけど、出せない」というジレンマを抱えることになるかもしれません。

認可をとれば経営を軌道に乗せやすいですが、将来にわたって園児募集に困らないという保証はどこにもないのです。

新規参入しやすさや経営の安定させやすさを考えると、0～2歳児を受け入れる小規模認可保育園から始めるのが手堅い選択です。

認可外なら特色を出せるといっても、0～2歳児の保育はコストがかかりすぎます。そこは、認可をとっ

て公的資金をもらいながらまずは保育園経営の経験を積むといいと思います。

しかし、3歳児以降を受け入れる保育園を作るなら、あえて認可をとらずに、自分が理想とする保育園を認可外で全力で作っていくというやり方も考えられます。

私の場合、小規模認可保育園を6園開いてから、3歳児以降を受け入れる認可外保育園を開設しました。この期間は、保育園経営のノウハウを貯め、行政からの信頼を得るためにあらかじめ構想したものでした。もし、個性的な教育を実践したいなら、いきなり認可外保育園を始めるのか、それとも小規模認可保育園で実績を積んでから認可外保育園を開くのかを慎重に検討すべきです。

これから保育園を始めるなら、まずはゴールを設定したうえで、そこにたどり着くルートを考えてみてください。

少子化時代の勝ち組保育園の作り方

「人間は生きている限り髪の毛を切るのだから、美容室に不景気なんてあまり影響しない」

そんな意見を耳にします。果たして本当でしょうか？

美容室に１カ月に１回行っていたら、１年で12回です。ところが不景気になって、２カ月に１回に節約すれば、年６回。美容室の売上は50％ダウンします。確かにお客さんがゼロにはなりませんが、不景気が業績に大きく影響するのです。

景気は上下の波がありますが、日本の人口は減り続けます。

地域の人口が半分になれば、お客さんも半分になり、売上は50％落ちてもおかしくない。

そうなったときにも生き残るのはどんな美容室でしょうか？

地域で一番の美容室だけです。

二番手、三番手の美容室はお客さんが激減する一方で、一番人気の美容室にお客さんが集中するのです。人口減少が加速するこれからは、時代に合わせてサービスや仕組みを少しずつ変えていきながら、地域一番店であり続けなければ生き残れません。


これは保育園も同じこと。地域一番の人気園になれば、人口が減ろうが生き残れます。

それでは地域一番の保育園をどうやって作ればいいのでしょうか？

その地域にどのような保育園があるのかをリサーチして、人気がある保育園のやり方を徹底的に学ぶのです。人気がある保育園は、今どきのお母さんの心をガッチリとつかんでいます。

人気がない保育園のこともよく見て、「なぜ人気がないのか？」を見極めるのです。

いいところをとり入れ、悪いところを真似しないようにして、自分の保育園作りに活かすのです。

そうやって、これまで地域にない保育園を作らなければなりません。


保育園の特色を出す方法の1つが、特殊な教育カリキュラムを導入すること。たとえば、将棋の藤井聡太さんが幼稚園時代に受けたということで、「モンテッソーリ教育」が注目されました。

ただ、特殊な教育カリキュラムは、合う子どもの能力を大きく伸ばしますが、すべての子に合うとは限りません。カリキュラムが人気園につながる可能性がある一方で、逆に「あの保育園はちょっとクセがあるよね」と保護者たちの評判を落とす原因になるリスクも抱えます。


リスクなしで人気園になる方法が1つあります。

それは、保育士が楽しく働いている園にすること。

保育の内容や質で他園にない強みを出すのも大事ですが、その前に、保育士が楽しく働ける保育園にすべきです。

子どもを送り迎えする保護者は、保育士のことを毎日見ています。朝夕言葉を交わしています。

保護者に「この保育園の先生たちはみんな楽しくやっているな」と思ってもらえるかが生命線です。

どんなに優れた教育カリキュラムを導入していても、保育士同士がギスギスしていたり、次々と離職していったりする保育園に魅力を感じる保護者はいないでしょう。

逆に、保育士がいつも楽しそうにしていて、常に笑顔で接してくれる保育園に悪い印象を持つ保護者はいません。

今どきの保育士にとってやりたいことができる職場環境を整えることによって、今どきのお母さんが求めているサービスをひとつひとつ丁寧に実現していくこと。

これが人気園への第一歩なのです。

子どもの未来を育むかけがえのない事業

私は保育園を経営してみて、情熱を注ぐ価値のある事業だと改めて実感しています。

人の心は３歳までに、脳細胞は６歳までにほぼ完成するといわれています。

身体は成長につれて大きく変わっていきますが、心と脳の育成は６歳までが勝負なのです。

大人になると、脳細胞はほとんど増えません。むしろ脳のメモリー数が減っていくそうです。

小学校に入る前の幼児期にどれだけ能力を伸ばせるか。これが、人生を左右するといっても過言ではありません。この期間の子どもたちを預かる保育園経営は、責任が大きいとともに、地域の未来、そして日本の未来にかかわるような価値ある事業なのです。


０～２歳児を預かる小規模認可保育園は、子どもの心を育てる期間です。

私が経営している3歳児からの認可外保育園は、脳細胞を育てる期間。その子にできないことをどんどんさせてあげて、考える力を養って、脳細胞を増やしてあげるようにしています。

ただ、子どもに対する保育・教育の成果はなかなか目には見えません。

子どもが卒園して20年、あるいは30年経って、はじめて自分たちの教育が良かったのかどうかがわかるというのは、楽しみを先にとっておくようなもの。それがまたたまらないのです。

20年、30年もの時間を経て結果が出るのは、ほかに投資くらいしかありません。

保育園は、人が育つという究極の喜びを味わえる事業なのです。

コラム◆子どもの個性を伸ばす保育園、個性を潰す保育園

お金を稼いでいるけど、学生時代に勉強が苦手だった経営者はたくさんいます。

逆に、学生時代に勉強はできたけど、稼げない経営者もたくさんいます。

人間の能力値を☆形のグラフで示すことがあります。

日本の教育では、苦手を克服してバランスのいい能力を身につけさせようとしてきました。

つまり、きれいな6角形なり、8角形なりのグラフになる子どもを育てようとしています。

能力の図がいびつでもいいから個性を伸ばすという教育はほとんど行われていません。

それなのに、「個性」という言葉が頻繁に飛び交っています。

能力がいびつなことこそ、個性であるにもかかわらずです。

苦手なことをできるようになる必要が、そもそもあるのでしょうか?

その子の持っている人より優れた部分を徹底的に鍛えていくというのが個性を伸ばす教育だと思います。

子どもの個性を伸ばす保育の時期に、苦手なことをやらせて個性をつぶす必要性はないというのが私の考え方。

だから、うちの認可外保育園では、できないことへのチャレンジをどんどんやらせて個性を磨いていくようにしています。

できそうでできないことをやらせると、その子のやり方の個性が浮き出てきます。困難に立ち向かって、自分なりの答えを出していくのです。それを見ていると、その子の個性がどのようなものなのか見えてきます。

子どもが落ち着かなかったり、言うことを聞かなかったりするのは、単に飽きているからです。「そんなのできる」と思っているのです。大人はそのことに気づいていません。

背伸びしなければできないことをやらせていたら、子どもはなかなかできずにずっとその場でトライし続けます。私の認可外保育園では、それを習慣づけさせています。

自由に生きるのが個性だと言っている人がいますが、それは違います。それはただルールを守らないだらしのない子です。

自分なりの答えを出すプロセスこそが個性です。

個性をつぶすのは、全員同じプロセスを踏ませるやり方。そうすると、単純に結果だけを見てできる子とできない子を分けることになってしまいます。

大切なのは、子どもが自分なりに考えながら困難に立ち向かっていく環境作り。これは認可保育園ではなかなかできません。認可外保育園でやるしかないのです。

第5章

開園するなら「地方」が狙い目

リモートワークでサラリーマンは地元で子育てを始めた

コロナ禍によってリモートワークを導入する企業が増えました。

1日中自宅で仕事して、打ち合わせはWeb会議というのはもはや日常風景。これはコロナ以前には想像できなかった世界です。

コロナ以前から、ワークとバケーションを組み合わせた「ワーケーション」や「田舎暮らし」といったキーワードが近年は注目されていました。田舎暮らしといえばリタイアした老夫婦のイメージが強かったのですが、コロナ以後は状況が一変しました。

若い人たちの田舎暮らし志向が急速に高まったのです。

内閣府の調査では、東京23区内に住む20代の3分の1以上が地方移住に関心が高いことがわかりました（「新型コロナウイルス感染症の影響下における生活意識・行動の変化に関する調査」2020年）（図C）。

今や若い世代ほど地方移住志向が強まっています。

実際に、2020年5月、東京都は調査開始以来、はじめて転出超過になり、2020年7月から8カ月連続で転出超過でした。東京都からの転出先としては、埼玉や千葉、神奈川、茨城、長野、静岡といった首都圏周辺エリアが人気です。リモートワークしながら、週1や月1の出社にも対応しやすい範囲内だからでしょう。

都心に住む必要がなくなったのをきっかけに、自然豊かな土地で暮らし、ゆくゆくはそこで子育てしたい、と考える若年層も急増しています。

地方のほうが物価が安く、同じ値段でも都心とは比べものにならないくらい広々とした家に住めます。都心での収入を落とさずに地方でも働ければ、都心よりもずっと豊かな生活が実現するのです。

コロナ禍以降、個人が地方に移住するだけでなく、本社を地方に移す企業も増えてきました。

有名どころをざっと挙げてみると、人材派遣大手のパソナグループは兵庫県・淡路島へ、芸能プロダクション大手のアミューズは山梨県の富士山麓へ、お茶専門店のルピシアは北海道・ニセコへと本社機能を移転しました。

実は、この動きはコロナ禍以前から始まっていました。たとえば徳島県神山町には、２０１０年以降、ＩＴ系ベンチャー企業のサテライトオフィスが次々と開設されています。

地方へと拠点を移す流れは、個人レベルでも企業レベルでも着々と広がっています。

３人に２人の保護者が「自然の中で子育てしたい」

「自然の中で子育てしたい」

都心で子育てしている夫婦には、そんな願望を抱くケースが多いようです。

ＮＴＴデータ経営研究所の調査（２０１６年）によると、子どもの自然体験不足を認識している親は約3分の2にものぼります。子どもの入学前までに地方へ移住・転職したい、検討したい親は約2割でした。

地方で暮らしたいのは、子どものためというよりもむしろ、親が都心であくせく働く生活に疲れていることが大きな要因でしょう。そんなにお金のために苦しんで生活する必要があるのでしょうか？

子どもを自然の中で育てたいと思うほど、自分が都心の荒波の環境にいる意味があるのでしょうか？

私は「家族の中で子どもが一番大事」という考えには疑問を持ちます。

大事なのは親です。

子どもは親の背中を見て、それを真似していきます。自然の中だろうが、都心だろうが、子どもは毎日元気な親の姿を見たいはずです。

そもそも、子どもは自分で「自然の中で育ちたい」と思っているでしょうか？

子どもが自分で「自然の中で暮らしてみたい！」と自ら山村留学を希望するケースはありますが、例外的です。親が「自然の中で育ってもらいたい」と願っているのでしょう。それは、親自身が息が詰まっていることの裏返しなのです。

コロナ禍によって、都心にいても飲食店や娯楽をのびのび楽しむことができなくなりました。都心にいるメリットそのものが薄れているのです。都心で心豊かに暮らせないと感じている若い人たちの田舎志向が今後、衰えることは考えにくいでしょう。

さらに、地方に移住した場合を想定したとき、出産希望数が増えるという調査結果もあります（図D）。

つまり、「地方に移住したら、たくさん子どもが欲しい」と考える人が多いとみられます。

自然の中で子育てしたいという親の増加が、地方での保育園ニーズの拡大につながる可能性が大きいわけです。

（図 C）●地方への移住意識

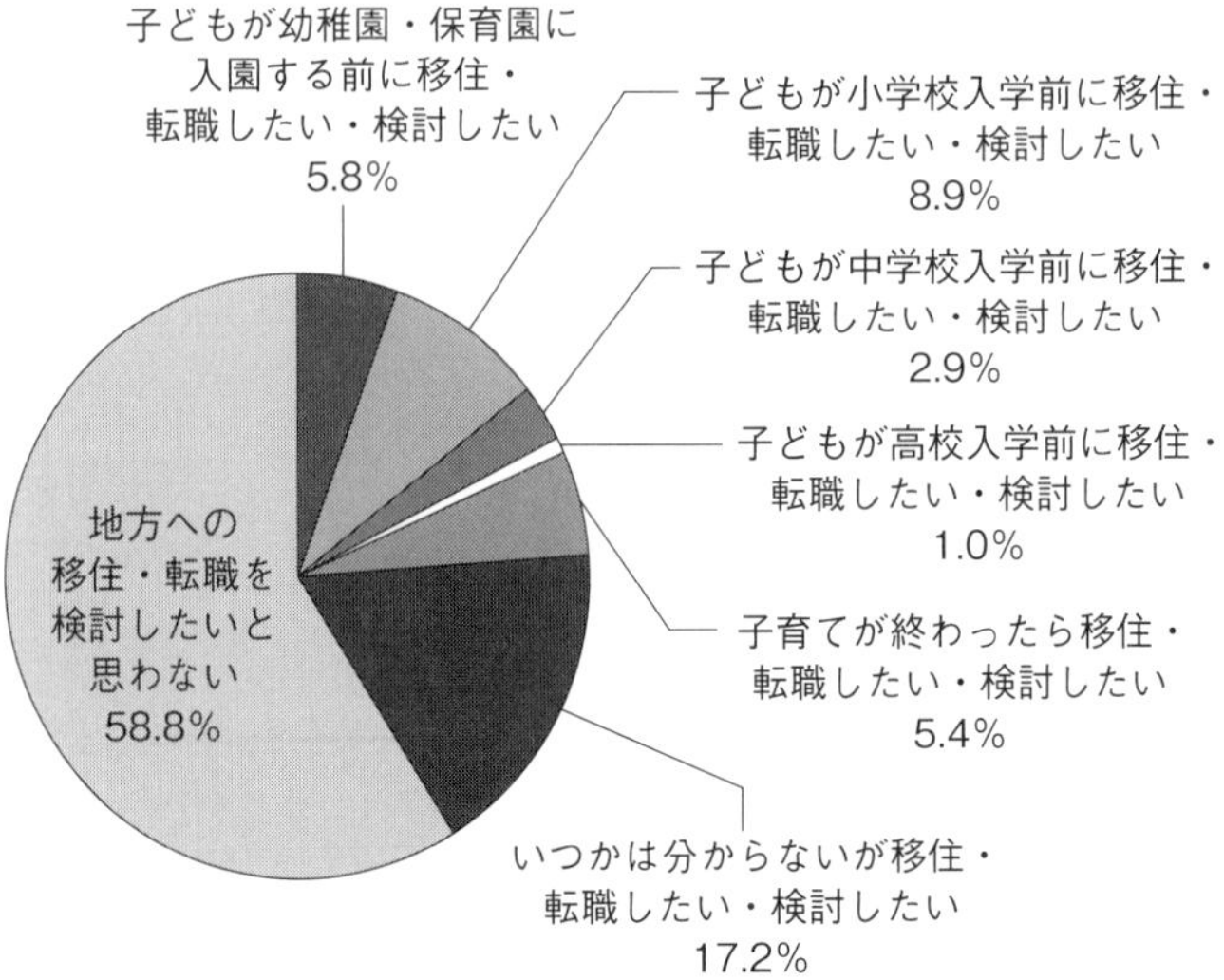

（図 D）●現在の環境および移住した場合の出産希望

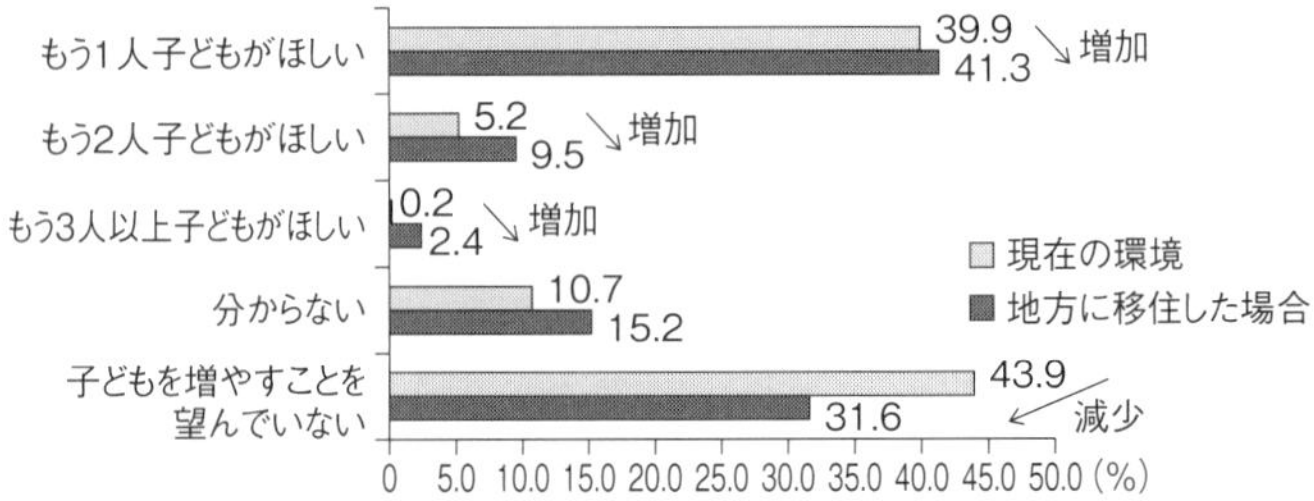

（出典）NTT データ研究所「都市地域に暮らす子育て家族の生活環境・移住意向調査」（2016 年）

収入が30%近く減っても成り立つ地方暮らし

地元に戻っても都心と同じ収入を得られればベストですが、もし収入が3分の2になったらどうでしょうか？

試算してみましょう。東京では世帯年収が1000万円あったとします。手取りで考えれば月78万円程度。家賃は都内のタワマンで月30万円、認可外保育園に月10万円の計40万円払っていたら、残るは38万円です。

それでは田舎に引っ越したらどうなるでしょうか。たとえ手取りが3分の2の月52万円になっても、家賃が月10万円、保育料が月6万円になれば、残るは月36万円。

田舎暮らしなら、収入が減っても都心時代とほとんど変わらない生活水準を保てます。

そうはいっても、かつては田舎には仕事がありませんでした。しかし、今はリモートワークの普及によってインターネットさえつながればどこでも仕事ができるようになったのです。

地方で子育てするメリットは、これまでにないほど高まっています。

かつて地元に戻ってくる人といえば、進学や就職で上京したものの、夢破れたケースが目立ちました。しかし今、「どこでも仕事できるのなら、地元に戻ろう！」というポジティブUターンが増えているのです。

都市近郊のベッドタウンや人気の移住先、移住支援の内容が魅力的な地域などであれば、人口の増加が見込めるため、保育園開設の狙い目となります。

都心はハイリスク、地方はローリスク

都道府県別の待機児童数を見ると、東京や埼玉、千葉、兵庫、福岡、沖縄などが多くなっています。一方で、青森や山形、富山、鳥取、長崎などは待機児童ゼロを実現しています（図E）。全体的な傾向として、地方よりも都市部のほうが待機児童が多いことがわかります。

矛盾しているようですが、都市部では、親は保育園を渇望している一方で、保育園は飽和しています。都市部の待機児童問題は慢性的です。行政は保育園の整備を急ピッチで進めてきた結果、受け皿はかなり充実しました。都市部は子どもの数自体が多いので待機児童の人数も多くなりますが、選ばなければどこかしらの保育園に預けられるくらいの状況には近づいてきました。

しかし、都市部の保護者のニーズは多様です。選ばなければわが子を保育園に預けられますが、立地や保育内容などにこだわりがあると、思うような保育園に入れられないという現実があります。

つまり、数は足りているけれど、多様なニーズには応えられていないということです。都心は飽和状態とはいえ、ビジネスチャンスはまだまだあります。

私は地元の静岡で保育園経営を始めて、新潟にも進出しました。近いうちに、都心でも保育園を開きたいと考えています。

都心でも、土地を買って、建物を建ててというこれまでのスタイルと同じやり方で保育園を始める予定です。

ただ、はじめて保育園を開く人にとっては、都心はリスクが高いことを覚悟すべきです。

というのも、田舎に比べて都心は家賃などの固定費が圧倒的に高いからです。

それでも認可をとることができれば経営が成り立つでしょう。

もし、認可をとらずにいきなり認可外で始めるとなると、当面の赤字経営を覚悟しなければなりません。初年度から全年齢のクラスの定員が埋まることはまずないからです。

都心で保育園を始めるのは初期投資が大きいだけに、失敗したときのリスクが大きい。そう考えると、田舎から始めたほうがローリスクです。

経験がないのに、いきなり激戦区に入っていく必要はありません。まずは地方で実績を積んで、ノウハウを確立してから都心に出ていけばいいのです。

地方なら、有効に使える広い土地を、安く入手できます。

東京都内の坪単価は平均約３７５万円のところ、静岡県は約30万円、新潟県なら約15万円、秋田県なら約８万円です。

小さな初期投資で始められる地方なら、都心よりもリスクを回避できるのです。

（図 E）●全国待機児童マップ（2020 年 4 月 1 日）（厚生労働省調べ）

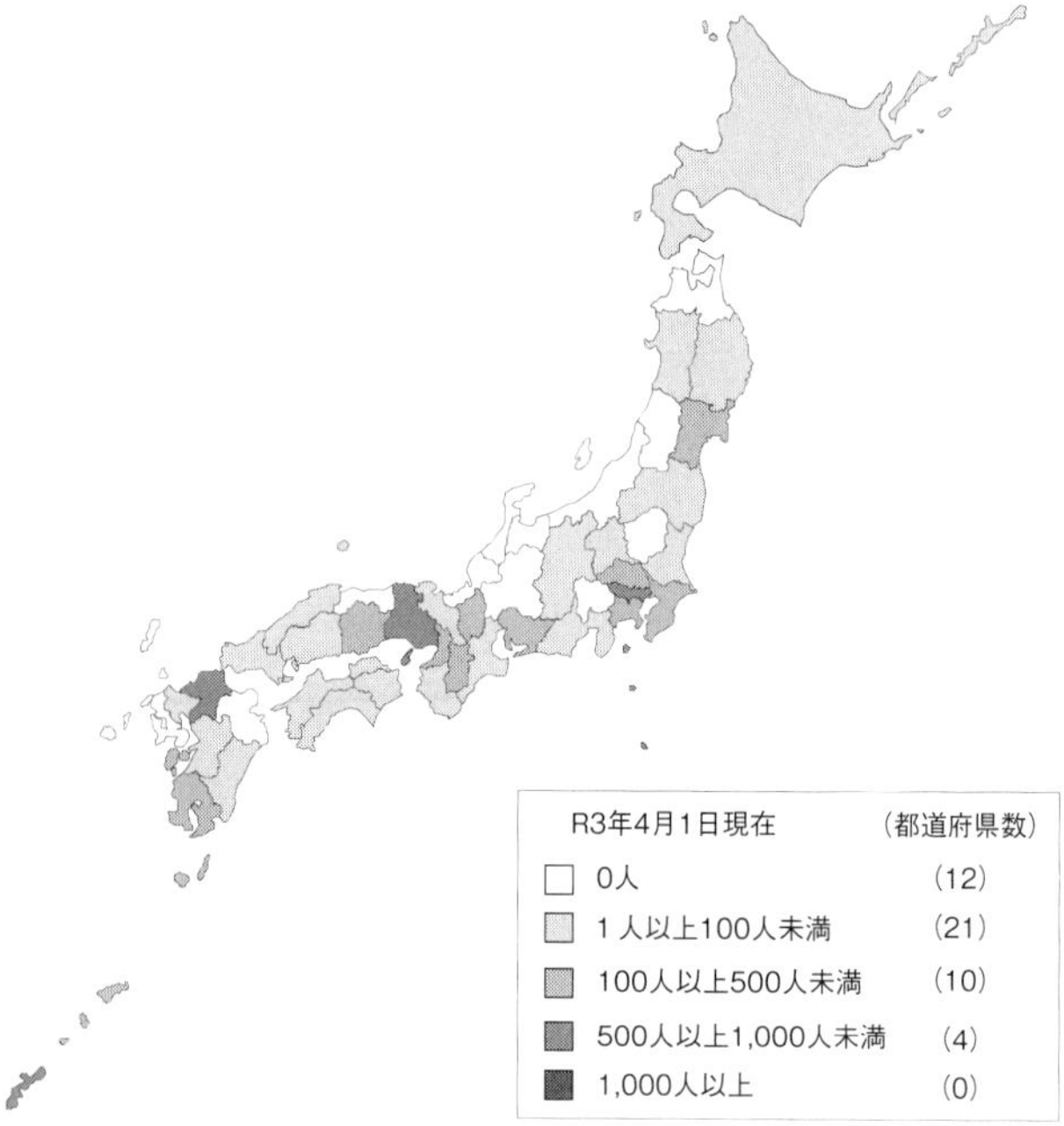

注：各都道府県には指定都市・中核市を含む。

「やりたい場所」と「成功する場所」は別もの

「おじいちゃんの土地を使えるから、あそこで保育園をやりたいんだよね」

「相続した土地の活用策で、保育園をやろうと思って」

そんなふうに「土地ありき」で保育園作りを構想している話を耳にすることがあります。

一度、立ち止まって考えてみてください。

なぜ、その土地はまだ活用されずに遊んだ状態なのですか？

なぜ、その土地にマンションやアパート、店舗、倉庫などが建っていないのですか？

もしかすると、ほぼ価値のない土地を活かそうとしているだけではないでしょうか。活用しにくいから今まで野放しだったはずです。


多くの人が「やりたい所」に保育園を作ろうとします。

しかし、やりたい土地と成功する土地は別ものです。


第４章で述べたように、すでに土地を持っているのは保育園を始めるのに有利ですが、土地ありきという前提を一度捨てて、ゼロからマーケティングすべきです。

マーケティングした結果、やりたい土地が園児が集まる立地ならば、正真正銘の最強です。ローコストで人気園を作れることでしょう。

自分が持つ土地を活かす手段の1つとして保育園を候補に入れているだけなのか、それとも場所がどこであろうが保育園をやりたいという強い意志があるのか。もし、縁もゆかりもない土地で保育園をやってほしいと持ちかけられて、それを引き受けるくらいの覚悟があるのか。これを今一度自分に問いかけてみてください。

たとえ家賃が高い物件を借りたとしても、売上が大きければ利益が出ます。逆に、自分の土地を活用しても、園児が集まらなければ赤字がかさんでいきます。赤字が続く企業はいずれ立ち行かなくなります。田舎のほうが、不動産をはじめとする開園コストが圧倒的に小さい。その分だけリスクを避けられます。ただ、成功する場所かどうか、徹底的にマーケティングすべきです。

地方で成功すれば都心でも成功する

世界のトヨタ自動車は愛知発、お笑いの吉本興業は大阪発、餃子の王将は京都発、家具のニトリは北海道発、百均のダイソーは広島発。

地方から出発して日本どころか世界へと羽ばたいていった企業は数知れません。

いつの時代も、田舎で勝てれば都心で勝てます。田舎で成功した人が東京へ行って、失敗することはないといわれているくらいです。都心は田舎と比べて単純にマーケットの規模が大きいだけだらかです。

地方の小さなマーケットで多くの顧客の支持を得たということは、大きなマーケットではもっと大きな支持を得られるわけです。

逆に、東京で勝てたからといって、田舎で勝てるとは限りません。ましてや東京で勝てない人は、田舎では１００％勝てません。大きなマーケットで顧客を集められなければ、小さなマーケットで勝てるわけがないのです。

ビジネスを始めるなら、地方から始めたほうがローコストで経験を積めて、力もつけられます。万が一、失敗したとしても金銭的ダメージは小さなものです。

私自身、地方で美容室経営を成功させた後、首都圏でもビジネスを始めています。都心で十分やっていけるという手応えをつかんでいます。

保育園を展開しているのは今は静岡と新潟ですが、近いうちに首都圏にも進出しようと考えています。いずれ都心でも勝負したいと考えているなら、田舎でノウハウや人脈、資金力を付けてから打って出るというやり方もあるのです。

都心に潜む「ご近所リスク」

「迷惑施設」と聞いて、あなたはどんな施設を思い浮かべますか?

原子力発電所や軍事施設、産業廃棄物処理場、風俗店、火葬場などを思い浮かべる人が多いでしょう。

実は、保育園を迷惑施設だととらえる人がいます。

保育園をはじめとする児童施設の開設計画が持ち上がると、地元で反対運動が起きることがあるのです。

近年では、東京の港区や世田谷区、武蔵野市などで保育園の開設反対運動が起き、ニュースで取り上げられました。

近隣住民が心配するのは「騒音」です。「子どもの声でうるさくなる」と嫌がる人がいます。

実際には、保育園の園児たちの声はそれほど騒がしくありません。

立地条件や周辺環境などにもよるとは思いますが、多くの場合、子どもたちの声の大きさを測定すると、生活音の範囲内に収まります。

ただ、反対運動の原因は騒音だけではないようです。騒音以外にも、狭い道路に面した場所に保育園を開設することを不安視する声が上がることがあります。送迎の時間帯に通行の妨げになったり、保護者が路駐したりすることへの危惧があるのです。

反対運動が起こったことによって、保育園の開設計画が撤回されたケースすらあります。

たとえ開設するにせよ、オープン後の周辺住民との関係を良くするために、計画を修正したり、運用で工夫したりすることになるかもしれません。

こうしたトラブルのリスクは、住宅が密集している都心のほうが高いのです。

地方でも保育園を開設する際、子どもたちの騒音に対して不安の声が上がることがありますが、大問題に発展するケースは都心より少ないといえます。

地方もそうですが、都心ではより一層のご近所リスク対策が必要です。

土地勘がアドバンテージになる「Uターン起業」

ずっと売れ残っていた土地が、ある日突然売れた……地方に住んでいると、そんな話を耳にすることがあります。

よくよく聞いてみると、それを買ったのは地元に縁もゆかりもない人だった、あるいは外国人だった、というのがよくあるパターン。ずっと売れ残っていたということは、何かしら買い手が敬遠する理由がある「訳あり物件」です。地元の人は「あんな土地、地元の人間は絶対に買わないのに……」と思っていても、外部の人はそんなことは知りません。

不動産屋は法令で義務づけられたことは漏れなく説明はしても、売り手の不利になるような余計なことまで話しません。地元の人も、見ず知らずの人に「あの土地はやめたほうがいいよ」とは言わないでしょう。

保育園を作る予定の地域の土地勘がなかったり、知人がいなかったりすると、不動産の取得などの起業の初期段階でつまずく危険があるのです。

その点、土地勘がある地元ならば、そうした土地をつかんでしまう可能性は低い。自分自身が訳あり物件だと知らなくても、地元の知人が「あの土地はヤバいんじゃない?」と教えてくれることでしょう。それに、地元なら、知人をたどれば地主や大家の1人2人にアクセスして、情報収集できるはずです。

見知らぬ土地で起業するのと、地元で起業するのとでは、この土地勘の差はことのほか大きいと思います。

地元にずっと住んでいる人はもちろん、地元から都心に出て、また地元に戻る「Uターン起業」の人も、地元の土地勘がある時点で圧倒的に有利なのです。

2拠点を行き来する「デュアル起業」のススメ

私の自宅は静岡県の磐田市です。かつてはこれに加えて東京・港区にマンション借りていました。当時、私は東京の表参道で美容室を共同経営するなど、都内でもビジネスを手がけていたからです。

平日は東京のマンションへ単身赴任して、週末は家族がいる磐田で過ごすといったライフスタイルを続けていました。

私はダブルワークどころか、トリプルワーク以上の事業を抱えていたので、必要に応じて自分の仕事場や生活場を変えていました。

私の場合は、格好よく言えば「デュアル・スタイル」。デュアルとは、「二重」の意味。地元と東京の二重生活を送っていたのです。

「地方で保育園をやりたいけれど、都内から引っ越しはしたくない」

そんな人もいるでしょう。たとえば、都内でも事業を手がけていたり、妻が都内で働いていたりといったケースです。

それなら、Uターン起業やIターン起業ではなく、「デュアル起業」という手があります。

都心の仕事を続けながら、地元で保育園を経営するというわけです。

逆のパターンも考えられます。

平日は地元で暮らして、週末は都心に出るというスタイルです。

私自身がデュアル・スタイルを何年か続けてみましたが、とくに問題は起きませんでした。むしろ、デュアル・スタイルにしたほうが多様な人との出会いが増え、ビジネスチャンスも広がっていきました。

政府による副業・兼業の後押しやリモートワークの普及によって、これからますますデュアル・スタイルがやりやすくなっていきます。

地域の未来の姿は予測できる

地方で保育園を始めるとなると、気になるのが過疎化でしょう。

人の地方移住や企業の地方移転が進むといっても、日本全体の人口減少は止まりません。地方には、すでに過疎化が深刻な地域もあります。

地方で保育園を開くなら、人口が減りにくい地区、人が集まる場所を予測してアプローチする必要があります。

各自治体は、地域の未来像を描く総合計画を策定して公表しています。そこでは、将来の人口推計なども盛り込まれています。

また、国土交通省は「立地適正化計画」というものを進めています。これは、少子高齢化を見据えて、医療・福祉施設や商業施設、住宅がまとまって立地するようなコンパクトなまち作りを促進するものです。

つまり、地方でも人口が減る地域と、人口が集中する地域に二極化していく公算が大きいのです。地方では、市街地や駅チカといった人口が多いエリアにさらに人が集中していくとみられます。

こうした国の方針を踏まえて、すでに多くの自治体でも立地適正化計画を策定しています。これを見れば、行政が地域の未来の姿をどう予測しているかが明らかです。

私自身、老後は自宅を売却して駅直結のマンションに住むつもりです。そのほうが、日常生活や交通アクセスはもちろん、医療も介護も圧倒的に便利になるからです。クルマを運転する必要もなくなります。

地方では小中学校の統廃合も進んでいます。

小中学校がなくなる地域は今後、子どもが減る可能性が高い。逆に、統合されて残る小中学校があるエリアは子どもがあまり減らないと考えられます。こうしたことも保育園の立地で考えるべきです。

現に、私が経営する保育園には、統廃合によって今後も残る小学校の近くに位置しているものもあります。

できれば、自治体の政策を動かす力学までチェックしたいものです。

たとえば、ある自治体では、新たに当選した市長の地盤がどこかによって市内の開発の優先順位が変わるそうです。あるいは、有力な議員の地盤は開発の優先順位が高いケースがあるかもしれません。

政治の動向などを含めて、自治体の政策の動きを見極めることも大事です。

保育園を開園するにあたって認可をとるための要件は、自治体によって異なることはすでに触れました。そのための自治体からの情報収集は欠かせません。そうなると、自治体とのパイプもあったほうがいい。

地方から東京に出てきた人の場合、都内の自治体とパイプがあるケースは少ないでしょう。議員に知り合いがいるというケースも稀だと思います。

その点、生まれ育った地元の自治体には知り合いが多いはずです。知人のつてをたどれば、地方議員にたどり着くでしょう。

地元の有力者に「保育園をやりたい」と熱意を伝えるとともに、自ら情報を取りにいくようにしましょう。

保育士の低賃金問題は高利益率で解消できる

私が平日は東京を拠点にしていたとき、都内の病院に併設された保育所で働いている保育士と話す機会がありました。

私は雑談ついでにその保育士がどのような働き方をして、どれくらいの給料をもらっているかそれとなくリサーチしてみました。

その保育士は週休2日で、給料が月25万円とのこと。賞与が2カ月分でした。

その保育士は待遇に「文句ない」と言っていました。

地方から上京して一人暮らしして、保育士として働いていて、この条件で文句がないと言うのです。

東京でこの条件で満足なら、地方は言わずもがなです。もし、これと同じ労働条件を田舎で実現できたら、ものすごく稼いで満足度の高い保育士になるということです。

私は、田舎でも東京と肩を張れるくらいの待遇を実現すべきだと考えました。

そもそも、保育士には低賃金のイメージがあるかもしれません。

保育士の中には「私の給料って安くない？」とグチをこぼす人がいます。

考えてみてください。給料をいくらたくさんもらっても、自分の体が疲れていたら「きつい、つらい」とこぼすでしょう。「お金をいっぱいもらっているから気持ちいい」なんて、誰も言いません。低賃金問題は、金額の問題ではないのです。ストレスの問題です。

保育業界では、基本給を抑えて、残業代とボーナスでカバーするというのが一般的です。ボーナスを厚くするのは、保育士を辞めにくくするためでもあるようです。「いつでも辞められる」ではなく、「ボーナスをもらうまでは辞められない」という心理が働くようにしているわけです。

残業代込みを前提にした働き方をしていると、保育という仕事に対する報酬が、子育て家庭へのサービスの対価というより、時間労働に対する対価になってしまいます。保育士は自分が何をやって社会貢献し、毎月所得を得ているのかわからなくなってしまうのです。これがストレスの大きな原因です。

大切なのは、給料に対するストレスを減らしてあげること。残業代込みという保育業界の給料の支払われ方が独特であることを教えることから始めないと、心理的な低賃金問題は解消されません。

子育て家庭へのサービスは今の日本ではどのくらいの価値だと見なされているのか？
毎月、自分がなんのためにどれだけ労働して、どのくらいの価値を提供しているのか？
給料を上げるためには、何をどうすればいいのか？
経営者は、これを明確にしてあげるべきだと思います。

それに、残業前提の仕事を60歳まで続けられるでしょうか？

私は、あくまでも一生続けられる労働環境にすべきだと考えています。

それでは、都心に負けない待遇を実現するにはどうすればいいのか？　利益率を3倍以上にするしかありません。

会社が永続できるような利益をきちんと出して、それを保育士に還元していくのです。

そうすれば、保育士は辞めることなく長く続けられるのです。

地方では、ネットの書き込みより「リアルな口コミ」

飲食店を探すとき、グルメサイトをチェックすることでしょう。そこには、低評価の口コミも散見されます。インターネット通販サイトでも、ショップを非難する書き込みが見られます。

これは保育園も例外ではありません。保育園もネットで悪口を書かれることがあるのです。

インターネットでは、ネガティブなコメントを書かれるのはもはや当たり前。真摯に受け止めて反省すべき点や改善すべき点の参考にはしても、それほど気にする必要はないと思います。ネットに悪口を書くのは、1000人、いや1万人に1人のレベルでしょう。自分のことしか考えていないような心ない人しか書きません。

それに、保育園の場合、ネットの口コミより圧倒的に地域コミュニティでの評判が重要です。

というのも、保育園は「商圏」が限られた地域密着型のサービス業だからです。

多くの保育園は、保護者が送り迎えできる範囲内が商圏。送迎バスを運行している保育園なら、その巡回ルートの範囲内です。わざわざ遠方からお客さんが足を運んだり、ましてや全国からインターネットで注文が入るわけではありません。

地方の保育園の場合、東京の人が検索してやって来るわけではありません。あくまでも地元の人が使ってくれる施設です。

コンビニやクリーニング店、スーパーなどと同じように、限られた地域内に住む人たちだけがお客さまなのです。

その地域内でいかにいい評判を浸透させるか。エリア限定のイメージ商売です。

私の保育園について、お母さんたちの間では「ハッピーはいろんなことに耳を傾けて保護者に対応してくれる」「優しい先生ばかり」という評判が立っていると耳にします。保育士たちがお母さんたちの言うことにきちんと耳を傾けているのですから、当然です。

私が経営している少人数の保育園から他の大規模の保育園に転園すると、お母さんは園に気軽に相談できなくなるそうです。私の保育園がいかに柔軟に対応しているか、他園に行ってはじめてわかるといいます。

中には、地域の評判が悪い保育園というのもあります。たとえば、保育士の離職率が高い保育園に対してお母さんたちが好印象を抱くはずはありません。だからといって転園先がないので、仕方なく預けているというケースもあるでしょう。

今はとにかく子どもの預け先を確保したいというお母さんが多い。しかし、いずれは保育園が保護者から選ばれる時代がやって来ます。

たとえインターネットに悪口を書かれても気にすることはありません。長期的な視点に立つと、地域コミュニティでいい口コミを浸透させれば、勝ち残れる保育園になれるのです。

第6章

建物選びから
オープンまでの道のり

徹底的にマーケティングする

あなたが保育園を経営したいと考えているなら、子どもが大好きなことでしょう。そんな人は「子どもが好き」という気持ちが先に立ちすぎて、「どんな保育園にするか?」といった保育内容にばかり関心が向きがちです。

保育内容ももちろん大事ですが、まず注力すべきはマーケティングです。開設前のマーケティングを疎かにしては、成功は難しくなるでしょう。

マーケティングもせずに、いきなり「この場所でやりたい」と考えてしまうのは論外です。

これから少子化がさらに進む中で、どうやって勝てる保育園を作るのか。そのためには徹底したマーケティングが欠かせません。

まずは、開設を目指す自治体内のどこにどんな保育園があるのか、現状を把握しましょう。

自治体の多くは、子育て関連施設のマップを作っています。それを見れば、どこに保育園や幼稚園、認定こども園があるのか一目瞭然です。

役所に行ってこのマップを手に入れましょう。インターネットで閲覧できる自治体もあります。

開設場所は、大きく分けて次の二択です。人口が多くて保育園がたくさんあるエリアか、もしくは保育園がないエリア。

保育園がたくさんあるエリアは競争が熾烈ですが、それだけ子どもが多くニーズも高いということ。

一方で、保育園が少なくて、待機児童があふれているエリアなら園児募集に困らないでしょう。たとえば、宅地開発や企業の進出が予定されているエリアです。新しい住宅地には小さな子どもがいる若い夫婦が多いですし、大きな企業が進出してくれば保育園のニーズは間違いなく高まります。こうした土地なら、遅かれ早かれ保育園が増えて競争は激化します。

役所の保育課はマーケティングの重要な情報源です。

自らマーケティングしたうえで、情報収集に足を運びましょう。

役所の保育課の担当者が「こういう所に保育園があったらいいかもね……」と漏らすことがあります。しかし、それが役所の担当レベルの個人的な思いなのか、保育課としての考えなのか、部レベルでの見解なのか、自治体の計画に載っているのかによって、情報の確度がまるで違います。

それに、役所の担当者は、数年に一度変わります。前の担当者からのまた聞きにすぎない情報もあるでしょう。

情報源をどのレベルで信用していくのか。行政の文章になっていることなら信用できますが、担当者個人の話はあくまでも自分のマーケティングと照らし合わせる材料にとどめておきましょう。

あえて人気園の近くに出すのも有効な手法

大行列ができる人気ラーメン店のすぐそばに、別のラーメン店が出店するのを目にしたことがあるかもしれません。人気のラーメンを食べに来たところ、大行列を見て並ぶのをあきらめたけれど、やっぱりラーメンを食べたい、というお客さんをとり込むのが狙いです。

いわば「コバンザメ作戦」です。

コバンザメ作戦で人気にあやかろうとしたラーメン店が、まんまと人気店にのし上がることもあります。保育園でも、この作戦は有効です。

私が最初に開設した保育園は、入園待ちが出るくらいの保育園の近くの立地を選びました。その人気園に入り切れずにあふれてくる子どもたちの受け皿になろうという意図です。

この作戦は大成功。最初の保育園の経営は早くから軌道に乗り、今では人気園になりました。

私が出した2つ目の保育園は、市内で最も人口が多いエリアを選びました。

その地域にはほかにも保育園がありますが、常にニーズがあるからです。既存の保育園では入りきらない子どもたちの受け皿としてスタートしました。この地域は小学校の児童クラブも慢性的に待機が出ているくらい、子どもの数が多いエリア。今後も人口が増えると見込まれていて、将来性もあるエリアです。

自治体内の保育園の人気動向もチェックしてみてください。人気園の近くに開設するというのも検討する価値はあります。

「駅チカ」「職場近く」を徹底リサーチ

あなたがもし、保育園を選ぶなら、何を優先しますか？

送り迎えのことが一番気になるはずです。

SUMO編集部（リクルート）の調査によると、保育園を選ぶときにもっとも重視した点は「自宅からの距離」です。しかも、他を寄せ付けないくらい圧倒的な回答率です（図F）。「駅からの距離」や「職場から距離」も上位に入っています。

保護者が保育園を選ぶときに優先度が高いのは、特色でも保育内容でもありません。圧倒的に「立地」で選ぶのです。

ほかの調査でも1位になるのは「家から近い」「職場や家から近い」がほとんどです。

保護者にとって送り迎えは毎日のこと。できれば不便な場所にある保育園に子どもを預けるのは避けたいと考えています。

家から近い保育園が選ばれるということは、まずは子どもが多いエリアかどうかを見極めましょう。

（図 F）●保育園を選ぶ上で最も重視した点

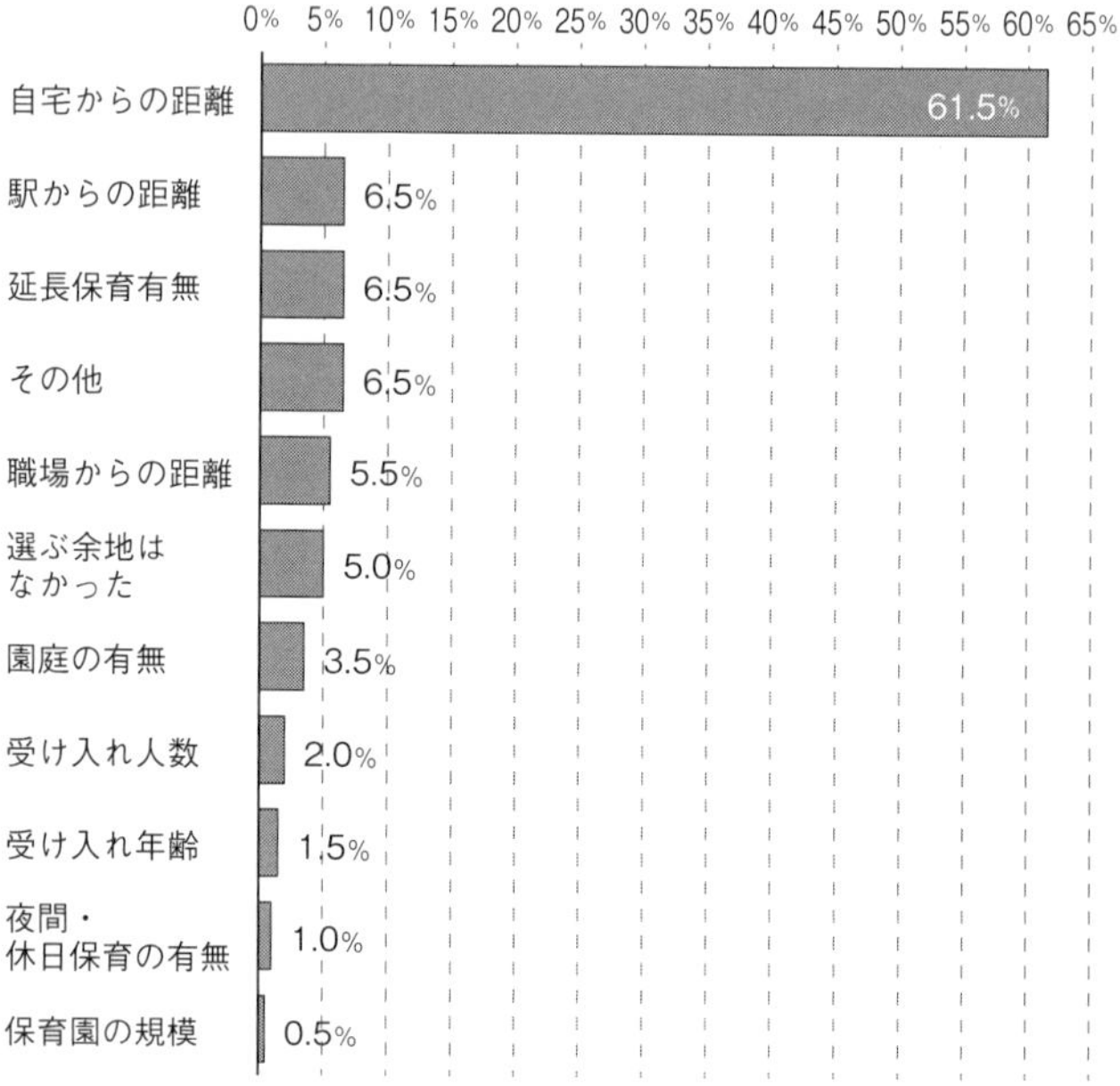

（出典：SUUMO 編集部、2017 年 12 月）

次に検討すべきは「駅から近い」、いわゆる駅チカです。

自宅から最寄り駅までの通り道に保育園があれば、送り迎えストレスは激減します。そこまで都合が良くなくても、駅チカなら通勤ついでの送り迎えが断然楽。駅チカなら、園児集めに苦労せずにスタートを切れる可能性大です。

私が３つ目に開設した磐田市内の保育園は駅チカです。駅から徒歩30秒と、圧倒的に需要がある立地です。しかも、待機児童がいる地域でした。

私が住む磐田市は、浜松市に隣接しています。浜松市には、スズキやヤマハ、河合楽器製作所といった大手企業の本社があります。磐田市は、浜松市のベッドタウンなのです。両市の間には天竜川という１級河川が流れており、それを越えると一気に家賃が下がります。このため、磐田市は浜松で働く若い夫婦が多く住むエリアです。若い夫婦が多いエリアの駅チカの立地なら、高い需要が見込めるわけです。

さらに検討すべきは「職場から近い」です。

地方はマイカー通勤が当たり前。保育園が最寄り駅近くにあるよりも、職場近くにあるほうが送り迎えが楽な親がたくさんいます。

たとえ駅から遠くても、企業が多い工業団地近くなどでは保育所のニーズ高い可能性があります。

私が新潟で開設した保育園の１つは、工業地域に位置しています。

これは「職場に近い」を徹底的に追求しました。

私が新潟に作った4つ目の保育園は、新幹線の駅から徒歩5分くらいと駅から近いことに加えて、高速道路のインターチェンジもすぐ近くです。このエリアでは、大手ショッピングセンターが建て替えたり、医療系の学校や病院ができたりすることが決定していました。確実に若い労働者が増えていきます。つまり、駅チカと職場近くの両方のいいとこどりです。ここなら将来にわたって保育のニーズがあると確信しました。

そのエリアには、どこにある職場にどんなルートを通って向かう人が多いのか？　こうした通勤ルートもリサーチしておきましょう。

住宅街のド真ん中が好条件とは限らない

「自宅からの距離」が保育園選びで圧倒的に重視されているとなると、住宅街のド真ん中に開設すると園児が集まると思うかもしれません。ところが、そうとも限りません。

5章で触れたように、住宅街のド真ん中では、保育園建設に対して周辺住民から反対されることがあります。子どもたちの声を騒音だと受けとる人がいるからです。

それに、住宅が密集していて道路が狭いのに、交通量が多い場所もあります。あるいは歩道がない所もあります。そんな場所に保育園があると、保護者は送り迎えやお散歩のときの安全性が気になるでしょう。保護者からすれば、そうした危険そうな場所に子どもを預けたくありません。

私は「事故は自分が起こすより、起こされる確率のほうが圧倒的に高い」と、保育士にも保護者にも伝えています。私は「事故を起こさないように気をつけて帰ってね」ではなくて、「事故に遭わないように気をつけて帰ってね」といつも声をかけているのです。

いくら自分が交通ルールを守って歩道を歩いていても、クルマに突っ込まれることがあります。自分がどんなに気をつけていても、事故に遭う危険性があるのです。

たとえ住宅街のド真ん中でも、道路が狭かったり、見通しの悪いT字路があったりといった場所では、事故を不安視する保護者に敬遠される可能性があるのです。

保育園を開設するなら、予定地の道路交通事情などを細かくチェックすべきです。たとえば、歩道があるのか、トラックの交通量が多いのか、スピードを出しやすい通りなのかといったことは現場で見て確かめるべきです。

住宅街を選ぶなら、より一層慎重なリサーチが必要です。

福祉施設としてのライフラインにも配慮する

大型台風が来ると、学校は休校になることがあります。インフルエンザが流行れば、学級閉鎖になることもあります。小学校や中学校は閉鎖されることがあるのです。

しかし、保育園は違います。台風が来ようが、地震が起きようが、新型コロナウイルスが流行ろうが、そう簡単に休めないのが児童福祉施設です。たとえ学校は臨時休校になっても、福祉児童施設である保育園は開き続けるのです。これは児童福祉施設としての使命です。

このことを踏まえると、保育園は学校以上に電気や水道といったライフラインの確保が重要です。

私が運営する保育園には、大きな台風が来ても停電しないエリアに立地しているものもあります。あえてそうした場所を選びました。

安全性を考えたら、「高台」というのもポイントです。

私が住む静岡県は太平洋に面しており、海沿いのエリアは津波の心配があります。近年は、毎年のように日本各地で台風による水害が発生しています。海沿いや川沿いのエリアは天災のリスクが高い。

人は「より安全、より安心、より便利」な場所に住みたいという欲があります。

「山の手」という言葉があるように、日本のブランド住宅街の多くは高台です。東京なら小石川や青山、兵庫の芦屋も高台です。白金台や青葉台と、人気の住宅街には台の付く地名も多い。

保育園の開設の視点では、こうした高台は人口が多いだけでなく、安全性の面でもメリットがあります。とくに認可外保育園を開くなら、富裕層が多いので園児も集めやすいでしょう。

逆に、自治体が川沿いなどの低地に保育園を出したいケースもあります。事業者が誰も手を上げなくて困っているなら、狙い目といえば狙い目です。

川沿いなどの低地に開設するなら、防災マニュアルを充実させるとともに、職員への防災意識も徹底しましょう。

地元の歴史と保育園開設の深い関係

保育園作りとは一見関係なさそうですが、地元の歴史も押さえておくべきです。これが意外と保育園作りと深い関係があるのです。

というのも、歴史をひも解くと、地元のパワーバランスが見えてくるからです。

たとえば、地域によっては、大名や豪商といった名家がいまだに政治経済に強い影響力を持っていることがあります。あるいは、商店街の影響力が強い地域もあるでしょう。歴史的にどの政党の地盤かも地域性があります。

開園準備は一人だけではできません。いろんな方に相談したり、協力していただいたりして、保育園を作っていきます。歴史を調べれば、その際に誰に相談すれば力になってもらえるかがわかります。

私がなぜ、歴史をたどって地元のパワーバランスを知る必要性を感じたのか。

私ははじめて保育園の認可を申請したとき、却下されたからです。その主な理由は保育園運営の経験がないことでした。そのとき、保育園の運営経験がない素人の自分1人の力で直球を投げ込んでも跳ね返されることを思い知らされました。自治体の公募に単純に応募するという直球だけでなく、まわりの方々の力を借りるという変化球も使うことの必要性を痛感させられたのです。

私が何がなんでも保育園を運営したいと思ったのは、いいものを作れる自信があったからです。美容室経営で編み出したキンダーマネジメントを駆使すれば、絶対にいい保育園ができると確信していました。そうした思いを地域の有力者たちに伝えたのです。

もちろん、有力者が行政に直接働きかけてくれるわけではありません。私がアピールした人の中には、行政とはなんの関係もない人がいたかもしれません。

それでいいのです。私が「保育園をやりたい」という熱意を伝えた有力者たちが、どこかの場で「保育園をやりたがっている若い人がいるよ」と言ってくれるかもしれません。「面白い人がいるから、会ってみれば？」と水を向けてくれるかもしれません。

こうした熱意が認可の扉をこじ開ける力になる可能性があるのです。少なくとも、無駄になることはありません。

将来、保育園を開設できたときには、力になっていただいた方々にも喜んでもらえます。このことが、保育園開設をさらに大きな価値あるものにするのです。

人に限らず、地元の「企業」とつながりがあるのも強い。

たとえば、地元の優良企業がスポンサーに付いてくれて、場所と建物を用意してもらえるなら、行政は後押ししやすくなります。

保育園は20年、30年と長く続けていかなければいけない事業です。

地元の優良企業から出資してもらえれば、鬼に金棒です。

私は7つ目の保育園を開設する予定ですが、そこは地元の有力企業とタイアップします。

議員へのアプローチは難しくない

私は、市議や県議といった地方議員とも直で話します。

地方議員は、市民の代表の中でもローカルな存在。今や多くの議員がフェイスブックやツイッターといったSNSをやっています。そこにダイレクトメッセージ（DM）を送れば、高い確率でアポをとれます。

私は、地方議員にとどまらず、国会議員と会うこともあります。

とはいえ、議員にアプローチしたからといって、行政に直接働きかけてもらうことを期待しているわけではありません。

行政が子育て関連で何か新しい施策を立案したとき、自分の顔を思い浮かべてもらえるかかどうか。それが上位に浮かんでくるかどうか。これが大事なのです。

私から議員に何か具体的なことを頼むことはありません。しかし、もしかしたら「困っているんだけど、どうにかならない？」と頼まれることがあるかもしれません。

そのときの順位を1つでも上にしておくべきです。

そうはいっても、闇雲に議員にアプローチすればいいわけではありません。

保育園の経営を考えているなら、子育て支援に力を入れている議員にアプローチすべきです。子育て政策の優先度が低い議員と連絡をとっても遠まわりになる可能性があります。

さらに、子育て支援に興味がある議員が秘書に付いていた先生だった議員までさかのぼって調べるべきです。その先生は誰なのか。先生は現役のときにどんな政策を打ち出していたのか。こうしたことを調べるのです。

そのうえでアプローチすれば、快く話を聞いてもらえる可能性が高まります。

認可をとるなら2年間のスケジュールを想定する

飲食店なら「3カ月後にオープンするぞ！」というスピード開業が可能です。

しかし、保育園はそうはいきません。

行政の認可を必要としない認可外保育園ならスピード開設ができなくもありませんが、認可をとるなら3カ月後にオープンというわけにはいきません。2年間くらいの準備期間が必要です。

2年後の認可取得から逆算してスケジュールを立てるようにしましょう。

私自身、保育園を経営することを決意してから実際に開園するまで、2年くらいかけて準備しました。

それでは、小規模認可保育園を開設する場合のスケジュールを見ていきましょう。

まずは、役所の保育課を訪れて、情報収集するところから始まります。

とはいえ、その前にしっかりと自分で下調べすること。そうせずに保育課を訪れても、担当者はあなたと話す気にもなりません。下調べした材料を持って役所の保育課に行ってください。

多くの自治体では「公募型プロポーザル方式」で新規参入を募ります。これは、企画提案内容で事業者を選ぶ方式です。

市区町村の説明会に参加したあと、事業計画など申請書類を提出します。

申請書類は、すべて自分で書きましょう。

そうしないと、後ほど行われるプレゼンテーションで自治体の担当者から質問されたとき、返答できなくなってしまいます。事業計画は絶対に自分で作らないといけません。

この書類審査が通ると、ヒアリングやプレゼンです。

ここでは、過去3年間の決算や保育、建築などについて説明しなければなりません。

プレゼンでは、情報量で負けたら終わり。これは銀行から融資を引き出すときのプレゼンと同じです。相手が知らないことまで調べ上げておかないと、打ち負かされてしまいます。

ただ、保育に対する思いが強すぎて気合が入りすぎてしまうと、事業計画に特色が濃く出てしまいます。認可保育園は、あくまでも公立園に準じて運営するもの。安全・安心な環境を実現することを冷静に説明することが大事です。

事業認可が下りたら、内装を工事したり、保育士を募集したりと準備を進めて開園まで持っていくわけです。

申請前の下準備を含めて、認可をとるまでのプロセスがトータル2年くらいです（図G）。

応募から開園までのスケジュールは、自治体の窓口で教えてもらえます。

私が参入したときは、小規模認可保育園という新しい制度が立ち上がって、全国に一挙にオープンさせて待機児童問題を解決していこうという時期でした。

しかし、今は必要な分だけを行政が補助金を出しながら作っていくという流れになっています。それだけ入念な準備が必要です。

（図Ｇ）●小規模認可保育園の開設の流れ

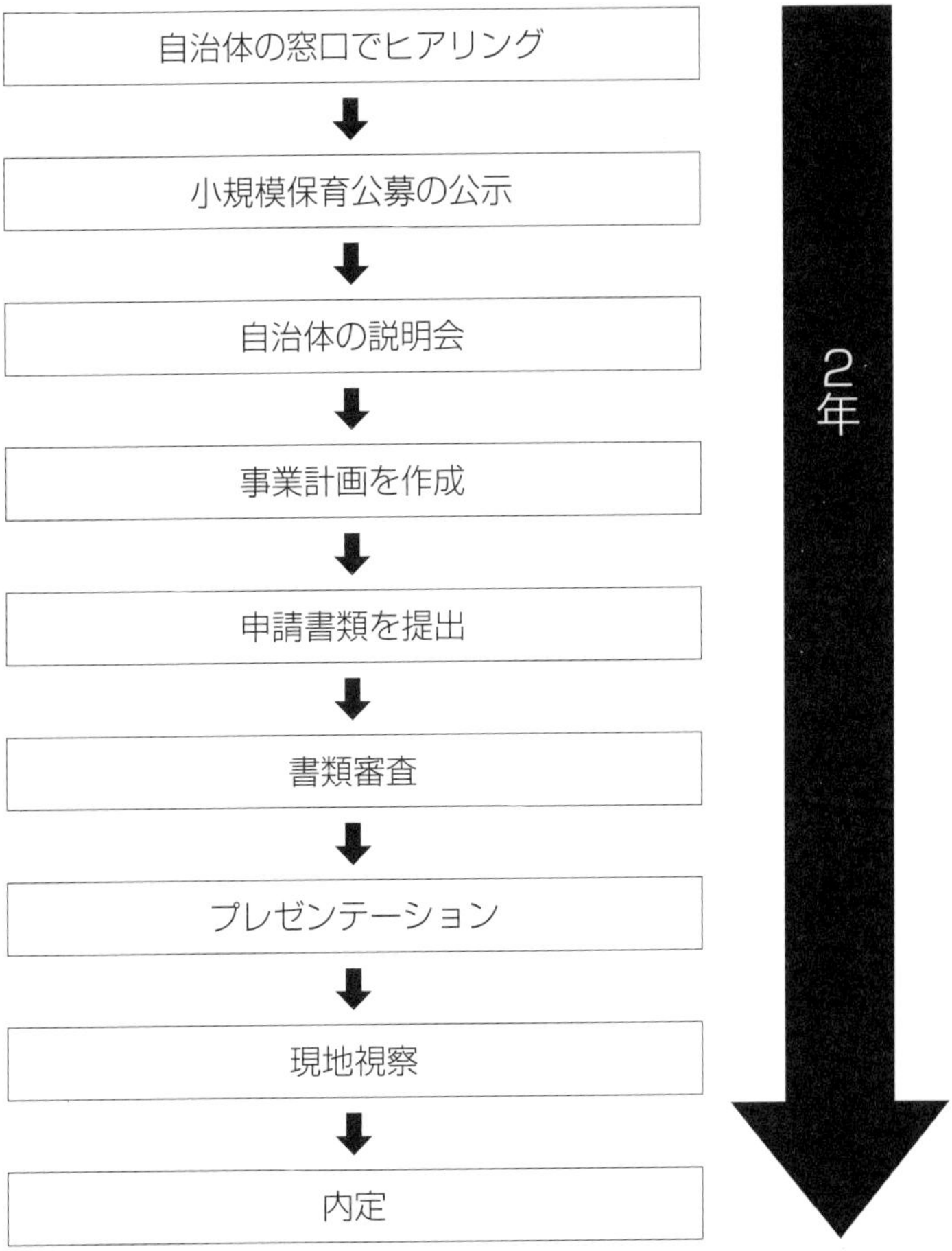

あなたの法人に赤字はありませんか？

すでになんらかのビジネスを手がけている人には、注意点があります。

それは、法人の経営状態を健全にしておかなければならないことです。

保育園の認可を申請すると、行政による身辺調査が入ります。

具体的には、納税状況や家族構成、法人の経営状況などを調べられるのです。どういう事業をやっているのか、その事業はどんな状態なのかを明かにしなければなりません。


たとえば、税金を滞納していたら一発アウト。

私の場合、美容室が年商3億円くらいでしたが、月15万円・年間200万円近くの赤字を出している店舗が1つありました。これは、行政からしたら突っ込みどころです。

「この月15万円の赤字を、保育園運営の給付金で埋めるんじゃないですか？」

「そんなことはないです」

「じゃ根拠はなんですか？」

と問い詰められかねないわけです。赤字店舗に保育園の運営資金を流用しない根拠を出せるかといえば、出せません。

私は申請の前に、赤字店舗を黒字店舗に統合しました。

ほかにも、共同経営の法人があったのですが、私は代表を退きました。共同ということは何かトラブルがあったときに行政に説明できないからです。

私は事業をいくつも手がけていたがゆえに、突っ込もうと思えば突っ込めるところがいくつかありました。それらをすべてつぶしていったのです。

法人の決算書は、3期分提出しなければなりません。決算書が赤字だと障害になる可能性があるので、黒字化しておかなければなりません。

補助金をもらうと得するとは限らない

認可保育園は、建物というハード面でも細かくルールが決められています。子どもたちの安全を守るためです。

各自治体は、施設整備の手引きをまとめています。それにのっとって、施設を建てたり、借りた物件の内装を改修したりしなければなりません。

小規模認可保育園の施設整備には補助金があります。

内装工事費の4分の3が自治体から支給されるのです。これを受ける金銭的メリットは大きいですが、一方で制約もあります。税金を使うからには入札にかけないといけないので発注先の業者を勝手に選べなかったり、開園後も監査が入ったりします。

自民党から民主党、そして再び自民党に政権交代があったとき、中止になった行政のプロジェクトがいくつもありました。

補助金をあてにしていたものの、梯子を外された事業者がたくさんいたのです。

公費をもらったほうが得というイメージがあるかもしれませんが、公費に頼るのはリスクでもあるのです。

いつの時代になろうと、政権がどうなろうと、自分たちのやりたいことを貫いていくのが経営方針でなければいけません。


私は、税金に対しても同じ考え方です。

節税で頭を悩ませている経営者が多いと思います。そうした経営者は、なるべく税金を払わないほうが得だと思っていることでしょう。

しかし、私は逆です。人は、税金を払えば払うほど社会貢献度が高いというのが私の考えです。節税に頭を悩ませれば悩ませるほど、行動に制約がつきます。何かを買うにしても、いちいち節税を考えなければならないからです。脱税や申告漏れを指摘されないか、税務調査におびえなければなりません。

誰もが自由です。自分で制約をたくさんつけて、自分自身で動けなくなってしまっているのです。


何も、私は補助金を否定しているわけではありません。補助金を受けるかどうかは、それぞれの考えや事情によると思います。いずれにしても、補助金を受けるメリットとデメリットをきちんと踏まえたうえで判断しましょう。

開園資金はどれくらい必要か？

保育園を開設するとなると、一体どれくらいのお金がかかるのかが一番気になるかもしれません。

「自分でできる限りの資金を集めましょう！」

私は、保育園を始めたい人から「どれくらいお金が必要ですか？」と質問されると、いつもそう答えるようにしています。


というのも、保育園には認可と認可外、規模の大小など、実にさまざまな種類があり、それぞれかかるお金が大きく異なるからです。一概に「いくらかかります」とは答えられません。

それこそ、認定こども園を開設しようものなら、数億円のお金が必要です。よほどの富豪でない限り、個人ではとても集められない金額です。逆に、小ぢんまりとした保育園を自宅で始めるなら、ほとんどお金がかからない方法もあります。


「自分で集められる資金の範囲内で自分に合った保育園を始めればいい」

これが私の答えです。


私がなぜ誰でも保育園を始められると断言できるのか。その根拠は、お金がないならないなりに始めるやり方があるからです。

認可をとるのか、とらないのか。いつ開園するのか。自分が用意できる金額に応じて、最終目的地点からスタート地点へ逆算すればいいのです。

そうはいっても、大まかな金額のイメージが知りたいでしょう。

たとえば、小規模認可保育園を始めるケースを考えてみます。

広さ25坪の物件を借りて、内装工事が坪単価50万円なら

25坪×50万円＝１２５０万円

内装工事の補助金（４分の３）を受けとれば、自己負担は３１２万５０００円です。

これに敷金・礼金のほか、広告宣伝や備品などのコストがかかります。

お金がないなら「自宅で保育園」という手段もある

もし、保育園を設立したくてもお金がないのなら、自分の家を改造するという方法があります。

認可園の中には「家庭的保育事業」という形態があります。これは「保育ママ」という愛称で呼ばれています。

家庭的保育事業の認可定員は1～5人。その名の通り、小ぢんまりとした家庭的な保育です。

自分の家のリビングを規定にそってリフォームして、事業認可をもらうというやり方もあるのです。こ

れがお金がなくてもやれる認可保育園のミニマムだと思います。

保護者が保育園に求めているのは「家に近い」。

ということは、大きい認定こども園が1つあるより、小さな家庭的保育が10カ所あるほうが、より多くの保護者にとって使い勝手が良くなります。大規模な認定こども園ばかりだと選択肢が限られてしまいますが、小さな家庭的保育がたくさんあれば、選択肢が広がります。それだけでなく、もし預け先が合わなかったら転園しやすくもなります。

家庭的保育は、利用者にとってもメリットが多いのです。

今、日本は空き家が深刻な問題になっています。

２０１８年の「住宅・土地統計調査（総務省）」によると、全国の空き家は８４８万９０００戸、空き家率は13・６％でともに過去最高でした。

最近は、地方の空き家が数多く激安価格で売りに出されています。中には、１００円で売られている空き家もあるほどです。

こうした空き家を安く買ったり借りたりして、内装を改修して保育園にするというやり方も考えられます。

そうすれば、待機児童問題と空き家問題を同時に解決できるて、社会貢献度がより一層高くなります。

家庭的保育は完全にスキマ産業です。

お金をかけなくても、保育園と保育園のスキマを埋めるスモールビジネスに活路を見出すことができるのです。

保育士さんに理想の保育園を作ってもらいたい！

「自分の理想の保育園を作りたいな〜」

保育士の中には、なんとなくそんな夢を描いている人がいるはずです。

保育園を始めるのは、すでに事業を営んでいる経営者が多いと思います。しかし、私は現場で子どもたちと向き合っている保育士にこそ、保育園を経営してほしいと思っています。

自分がやりたい理想の保育を実現できる保育園を作ってほしいと思っています。

とはいえ、若い保育士がすぐに保育園を設立するのはさすがに難しい。

10年くらい保育士を経験して、お金を貯めて、開業するのが現実的です。

大卒で保育士になった人なら、10年後は32歳くらい。

給料を月5万円コツコツ貯めていけば、10年後なら６００万円になります。これに加えて４００万円くらい融資を受ければ、元手は１０００万円。これは、保育園開業に向けた、かなり現実的な金額です。本気で保育園を始めたいなら、それくらいの準備は必要です。

つまり、普通の保育士でも、やる気さえあれば十分保育園を始められるのです。

認可保育園を始めるなら、公的な融資制度もあります。

認可が下りると決定していれば、銀行からお金を借りやすくなります。認可という行政のお墨付きがあれば、銀行も貸しやすいからです。

一方、認可外保育園を始めるにしても、やり方はいくらでもあります。認可外保育園にも設置基準があり、内装工事費はかかりますが、認可保育園ほどルールが厳しくはありません。たとえば、おばあちゃんが持っている空き家があるならば、それを自分の手で改装して、保育園を始めてもいいのです。

ただし、その際には建築基準法を調べて規定をクリアしているかを確認しなければなりません。建築基準法は1981年に改正されて、耐震基準が大きく変わりました。それ以前に建てた建物の場合、今の耐震基準をクリアしておらず、そのままでは保育園として使えない可能性があります。

認可外保育園を始めたとしても、超人気園になって、お母さんたちから「もっと多くの子どもを受け入れてほしい」という声が上がるかもしれません。

そのとき、「うちは認可の基準を満たしていないからムリです」と返すのか、それとも「市民の声があるなら、うちも認可をとってさらに社会貢献をしていこう」と考えるのか。認可外から始めるにしても、あくまでも目的地を認可保育園に設定するならば、それに対応するスペックで下準備しておくことも大事です。

お金があるからうまくいくとは限らない

かつて、スナックのママが保育園を作って話題になったことがありました。

その保育園は、2年くらいでつぶれたそうです。そのママは年収が数千万円あったようです。保育園を開設するための資金は豊富だったはずです。しかし、お金があるからといって、保育園経営がうまくいくとは限らないのです。

さすがにゼロ円で保育園を開業するのは不可能ですが、お金がたくさんあることと、保育園経営に成功することはまったく別もの。大した元手がなくても小ぢんまりとした保育園を長く続けている人もいます。

保育園経営で大切なのは継続性です。保育園に限らずどの業種でもそうですが、開業資金が潤沢でも、赤字が続けば元手を取り崩す一方。遅かれ早かれ破綻します。

単に資金があればいいわけではありません。中途半端にお金がある人は、経営を工夫するよりもお金に頼ってしまうのです。だから、お金があっても経営が改善されず、つぶれます。

企業内でも「女性も活躍できる職場にするために、保育部があるといいよね」という話が持ち上がることがあります。

しかし、経営状態が悪くなったら、真っ先に切られるのは赤字部門です。保育部を立ち上げても赤字になっては長続きしません。

逆に、黒字経営で利益が出れば出るほど、やはり足を引っ張る赤字部門は切られます。保育部が赤字続きなら、経営状態が良くても悪くても切られるのです。だから、保育園は絶対に黒字運営していかないといけません。

続けられるかどうかは、思いにかかっています。

強い思いさえあれば、お金の問題を解決する手段があるはずです。

お金がなくても保育園経営にかける熱量さえがあれば成功します。

チラシをまけない認可保育園はどう集客するのか？

認可保育園は、民営といえども公的な存在。新聞の折り込みチラシなどで宣伝してはいけません。

入園希望者の受付は自治体の窓口一括で、自園で受け付けることができないのです。

現時点では、認可をとっていれば園児の募集で困ることはまずありません。役所で子どもの入園先が振り分けられるからです。

ということは、役所の担当者に自分の保育園に対して好印象を持ってもらったほうがいいわけです。

「何か困ったことがあれば、あの保育園に相談すれば解決してもらえる」

役所の担当者にそう思ってもらえることが園児募集につながるのです。

さらに、お母さんと役所、保育園などにつながる情報の通り道で摩擦を起こさないように気を配りましょう。

お母さんと保育園の関係が良好なら、お母さんから役所に「あの保育園はいいですよ」という情報が流れるでしょう。

役所と保育園の関係が良好なら、役所からお母さんに「あの保育園にしたらどうですか?」とすすめてもらえるかもしれません。

こうした地道な信頼関係作りが園児募集につながるのです。

役所は「市政だより」などの広報誌を発行しています。広報誌は常にネタを探しています。自分からネタを提供して、新設の保育園特集を取り上げてもらうという手段もあります。

ところで、認可外保育園は自由に広告を打てます。チラシをまこうが何しようがかまいません。

ホームページとSNSは重要な集客ツール

認可保育園はチラシをまけませんが、ホームページやSNSで情報発信はできます。

私の保育園では、ホームページに加えてインスタグラムやフェイスブック、ツイッター、ブログもやっています。すべて連動させています。

今は商品やサービス、企業などを探すとき、まずインターネットで検索します。これは保育園も例外ではありません。ほとんどの保護者は保育園探しのとき、とりあえずインターネットで検索します。そのときにホームページがなければ、この世に存在しないも同然です。

保育園のホームページを作り、ＳＮＳのアカウントも開設しましょう。

ホームページやＳＮＳに保育の方針や概要、園内の生活、年間イベント、交通アクセスなどをアップしておけば、保護者に興味を持ってもらいやすくなります。

すでにほとんどの保育園がホームページを持っていますが、ＳＮＳで情報発信しているケースはまだ多くはありません。

私の保育園では、インスタグラムは全園で１アカウントにして、各園からランダムに写真を投げ合っています。

各園でそれぞれアカウントをとる方法もありますが、ただでさえ保育士は忙しいのにインスタグラムの投稿もやらせるとなると、仕事量が増えてしまいます。

そこで、全園でアカウントを１つにして、みんなで投稿し合うようにしました。そうすれば見た目は賑やかで充実します。どこかの園の投稿が少なくてもカバーできます。

ＳＮＳを１つにまとめてコンテンツを充実させられるのも、複数園を運営しているメリットです。

実は、私の園のＳＮＳのフォロワー数は伸びません。しかし、閲覧数はものすごく多い。保護者はフォローせずに見ているのでしょう。

役所による保育園の入園調整があるときなど、一気に閲覧数が上がります。みんなが保育園を探し始めるからです。

そうしたときのために準備はしておくべきです。

ただ、事故につながる危険性があるので、認可園では念には念を入れて子どもたちの顔出しはしないようにしましょう。たとえ保護者から撮影・掲載許可をいただいていても、万が一のことを考えて、斜め後ろ45度くらいの角度からの写真にしましょう。

認可外では保護者限定で動画をライブ配信

私が経営している認可外保育園では、フェイスブックでグループを組んで、動画をライブ配信しています。もちろん見られるのはグループに参加している人だけなので、外部の人は見られません。

これは、認可外だからできることです。

映像をライブで流すとなると、保育園内で何かあってもウソをつけません。もし事故があったら、生配信されてしまいます。それくらいのリスクを覚悟で配信しています。

これは、大きなリスクをカバーして余りあるメリットがあります。以下のような状況が生まれるからです。

私の子どもは私の保育園に入っているので、動画配信を見た私は「今日、歯磨きのとき、めっちゃぐじゅぐじゅ上手にできたじゃん！」とお風呂のときに言ってあげらます。

「え、パパ、見てたの？」

「そうなんだよ」

「でもね、○○ちゃんが勢いよく水を出すからかかっちゃった」

そんなリアルな会話ができるのです。

「今日、保育園どうだったの？」という漠然とした問いかけとは段違いに深い話ができます。

生配信は勇気がいります。そこまで勇気をもって踏み込めるかどうかは、保護者との信頼関係によります。

当初は生ライブ配信だけでしたが、今はお父さんがいつでも見られるようにアーカイブしてあります。

ちなみに、小規模認可保育園では、さすがに動画は配信していません。静止画だけアップしています。

SNSは採用ツールとしても効果大

ホームページやSNSは園児募集や情報共有で役立つだけではありません。

とくにインスタグラムは、保育士の求人にも効果的です。

これから保育園で働こうとしている人たちは、みんな気になる園のホームページにアクセスします。そこにインスタグラムがリンクされていれば、学生はSNS慣れしているので必ず見てくれます。

実際に、インスタグラムを見て「研修を受けたい」とアプローチしてくる学生がいます。学生向けに就職ガイダンスを開くと、「インスタ見て説明を聞きに来ました。研修させてください!」と言ってくる学生もいます。

どちらかというと、SNSは園児募集よりも就職の若者向けのツールとしての効果のほうが高いのです。

保育士を養成する学校と大手の社会福祉法人はつながりがありますが、自分自身で就職先を探す学生もいます。

ただ、まわりから「そんな小さな保育園に就職するより、大きい社会福祉法人に行ったほうがいいのでは?」とアドバイスされると、大手を蹴ってまで小さな法人に来る学生は少ないです。

それでも、小さい保育園で働きたいと考えて来てくれる学生もいます。

そういう人材をどうやってつかまえて、入社後に引き上げていくか。これは企業努力にかかっています。

認可外は自力で集客するから面白い！

ここまでは、主に認可保育園の開園ノウハウについて説明してきました。認可をとることができれば、当面は園児募集で困ることはありません。運営についても、ルールがきっちりと決められているので、それに沿ってやるしかありません。その中でも利益を出す方法は、第３章で説明しました。

私の場合、認可保育園を複数経営して実績を積み、行政や地域の信頼を得たうえで、認可外保育園の開設へと打って出たのです。

複数園の経営へと広げていくのであれば、これが最も手堅いやり方だとは思います。

とはいえ、今は認可保育園なら園児集めに困らないといっても、少子化が進む将来、役所頼みを続けられるとは限りません。たとえ認可保育園といえども、自分で集客できる力をつけておかなければ未来はありません。

現に、認可施設である幼稚園は、すでに定員割れが多発しています。経営破綻した幼稚園も出てきました。

私が認可外保育園を始めてみて実感しているのは、自力で園児を集めることの面白さ。どの商売もそうですが、自力でお客さんを集められてこそ、本物です。

自力で集客できれば、少子化が進もうと、制度が変わろうと、生き残っていける保育園になるはずです。

あえて認可外で攻めるという選択肢

飲食店でも小売店でも、顧客の「ペルソナ」を設定するでしょう。ペルソナとは「ユーザー像」のこと。商品やサービスを販売するターゲットの顧客の性別や年齢、収入、ライフスタイルなどを設定するのです。そのペルソナに魅力を感じてもらえるようにビジネスを設計していくわけです。

これは認可外保育園も同じです。

保護者の収入や子どもの保育・教育に対する考えなどを想定して、保育内容や保育料を考えなければなりません。

単純化して考えてみましょう。たとえば、30人規模の認可外保育園を開設するとします。月々の支出が150万円で粗利率を約17%出すとなると、収入は月180万円に設定しなければなりません。そうなると、保育料は1人月6万円です。

こうやって逆算すれば、月の保育料を算出できます。

そのうえで、設定したペルソナにとって魅力的な園のサービスを設計すればいいのです。

高級レストランや高級ホテルなど、富裕層向けのサービスは世の中にたくさんあります。マーケットの人数は少ないですが、客単価は高いのです。こうした富裕層向けの保育園もビジネスとして成り立ちます。

あなたは、安定経営が保育園経営の目的ですか？

きっと、自分の理想の保育園を思い描いているはずです。

確かに、今は認可保育園には公的資金が入るので安定経営が可能ですが、将来はどうなるかわかりません。それなら、公的資金に頼らなくても経営できる保育園づくりも検討する価値はあります。

それくらいの高いモチベーションで参入してほしいと思っています。

コラム◆私がなぜ「定員30人」の認可外保育園を作ったのか？

私が2021年に開設した認可外保育園は、定員が30人です。

保育士は、3歳児は1人で20人、4〜5歳は1人で30人まで見られます。

しかし実際には、保育士1人で3歳児を20人、4歳児を30人見るのは大変です。

そこで、私は園児30人を保育士2人で見るような目の行き届いた保育園を作りたいと考えました。

開設初年度は園児が7人で、1人の保育士が7人を見ています。この体制で運営してみて、園児が2倍の15人になっても1人の保育士と補助員で細やかに見られる見通しが立ちました。そこで、いずれは園児30人を2人の保育士と補助員で見る体制に移行します。そうなると、ルールよりも2

倍近い手厚さの保育が実現するのです。

ところで、大きな保育園を辞めて、小さな保育園に移る保育士が少なくありません。というのも、保育士は「子ども一人ひとりをもっとしっかり見てあげたい」という思いが強いからです。ルールでは4～5歳児は30人まで見られますが、保育士の中には1人で大勢を見ることに違和感がある人がいるのです。

これが保育士1人が15人の園児を見るとなったら、1人の子どもに倍の力を注げます。それを良しとする保育士は必ずいます。

私は、保育士が納得できる保育環境であるとともに、子どもたち一人ひとりにとってもメリットのある施設を認可外で実現しようと考えたわけです。

第７章

子どもの安全を第一に考える保育園が人気

子どもの心が育つセカンドホーム

保護者が保育園を選ぶポイントは、圧倒的に立地です。

しかし、どんなに便利な場所にあっても、評判の悪い保育園にわが子を通わせたいとは思いません。地域によりますが、現状では保護者が保育園を選べないことが多く、保護者からすると「空きがあるだけでありがたい」というケースが珍しくありません。

しかし、保育園の整備が急ピッチで進み、これからは保育園の「質」も問われるようになるはずです。

私が保育園運営で大切だと思っているのは「家感（いえかん）」を出せるかどうか。子どもたちが家にいるのと同じ感覚で過ごせる「セカンドホーム」であるべきだと思っています。

究極的には、子どもには保育園に行くというより「保育園に帰る」という感覚になってもらえるかどうかです。

私の保育園では、子どもが家で使っているおもちゃを持ってきてもらったり、家で読んでいる本を買って読んであげたりします。自宅と同じように過ごしてもらうためです。

子どもが家にいるのと同じ感覚でリラックスできれば、保護者も安心して保育園に預けられるでしょう。

子どもは、好きでない物では遊びません。よく同じ物でそこまで遊べるな、というくらい一個集中でいじくり倒します。自分の見慣れた物があるだけでも子どもは安心します。そうした点にも気を配って、一つ一つ細やかにサポートしてあげます。

３歳くらいになると、登園してお母さんとお別れするとき、「ママ行かないで！」と泣くようになる子がいます。子どもが家にいるのと同じくらいの居心地のよさを感じられるように、ゼロ歳からいかにホーム感を作れるかが勝負どころです。

3 to 1方式で目配り・気配り・心配り

内閣府の調査によると、２０２０年の保育園や幼稚園などでの死亡事故は５人、意識不明のけがなどは14人でした。ところが、小規模で子どもたちに目が行き届きやすい小規模認可保育園はどちらもゼロでした。もちろん、私の保育園でもどちらも起きませんでした。

ルール上、保育士１人が見られるのは０歳児が３人、１～２歳児が６人ですが、保育士１人で１歳児６人を見るのはかなり大変です。

私が経営している小規模認可保育園の定員は19人で、５～７人の保育士を配置しています。しかもワンルーム形式なので、５～７人の保育士みんなで全園児を見るわけです。

そうなると、園児１人あたりの保育士は2・6人～3・6人。つまり３人前後で１人の子どもを見るわけです。この「３to1方式」なら１人の保育士が見る園児の人数が少なくなり、それだけ目配り・気配り・心配りが行き届くのです。

保育士はただでさえ責任の重い仕事。目配りをしなければならない園児の人数が多いと、ストレスが大きく膨れ上がるでしょう。心の余裕がなくなってしまうかもしれません。

3 to 1方式によって、そうした事態を未然に防ぐことができるのです。

3 to 1方式にはもう1つのメリットがあります。

それは、園児一人ひとりの特徴がよくわかることです。ワンルームで見ていると、わざわざ情報共有するまでもなく、保育士みんながすべての園児の性格や行動パターンを把握できます。

このため、園児一人ひとりに合わせたきめの細やかな保育が自然と可能になるのです。

一人っ子が兄弟姉妹を作れる場所

私は6児の父親です。

かつての日本では6人兄弟など珍しくありませんでしたが、今では驚かれるくらいの大家族です。

日本の世帯数と人口を考えると、1世帯はおおよそ夫婦2人と子ども1人の勘定です。しかも少子化が進んでおり、コロナ禍の影響もあって2020年は出生数は統計史上最小の84万人でした。

団塊ジュニア世代のピークが1学年200万人を超えていたことを考えると、子どもの数は激減しています。

保育園に通ってくる子どもたちも一人っ子が少なくありません。

兄弟・姉妹がいないと、日常生活でお菓子を分け合ったり、おもちゃをとり合ったりする機会がありません。親が買ってきたお菓子もジュースもすべてひとり占めできるのです。兄弟喧嘩なんて無縁の世界です。

大人になれば、他者と調整しないと進まないことばかりです。一人っ子は、そのための訓練の機会が乏しいのです。

家庭で難しいなら、セカンドホームである保育園で子どもが自分の思い通りにならない環境をどれだけ作ってあげられるか。

思い通りにならなかったときの免疫がなさすぎると、そうしたときに自分の感情をコントロールできない大人に成長してしまいます。

その点、一人っ子が〝兄弟〟とともに過ごす環境を作れるのは保育園のいいところです。

多くの保育園では、1歳児の部屋、2歳児の部屋といった具合に、年齢によって部屋やスペースが分かれています。とりわけ認定こども園は規模が大きいことから、クラスによって部屋が分かれているのが一般的です。

これに対して、私が経営している小規模認可保育園はワンルーム形式ですから、0歳児、1歳児、2歳児のクラスごとに教室を分けるのではなくて、約19人全員が同じ部屋で過ごします。もちろん、安全のために0歳児が寝るスーペースは区切っていますが、遊ぶときはみんな一緒です。

私が経営している3歳児からの認可外保育園もワンルーム形式で、年少と年中、年長が全員ごちゃ混ぜで過ごします。

自分より目上の子や目下の子がいると、自分の思い通りにならないシーンが増えます。毎日ぶつかったり、仲直りしたりといったいろんな経験ができるのです。子ども同士のいざこざを子ども自身で解決していく経験を豊富に積めるのは、異年齢が集う保育園ならではです。

しかも、1人2人ではなく、何十人もいる中で小さないざこざが起こります。そういう環境の中で、友達とのいざこざを解決したり、自分を表現したりする力が磨かれていくのです。

異年齢の子どもたちが一緒くたになって遊びながら、他者との関係の中で多様な経験ができること。これは子どもの心の成長に大きなプラスになるのです。

内部環境と外部環境の化学反応

たとえば、活発な子とおとなしい子がいるとします。

おとなしい子からすると、おとなしい自分という内部環境に加えて、近くに活発な子がいるという外部環境が与えられます。

活発な子からすれば、活発な自分という内部環境に、おとなしい子がいるという外部環境が与えられます。

すると、外部環境が内部環境に変化をもたらすのです。自分とは違う外部環境と接することで内部環境だけでは絶対に起こらない化学反応が生まれるわけです。活発な子とおとなしい子が共存すること自体、お互いの成長につながっています。

私は、子ども一人ひとりが成長の機会を損失しないように最大限に配慮しています。機会損失とは、本来は利益を得られるはずだったのに、その機会を失うことを意味します。ビジネスの世界では、機会損失は事業の成長にとって大きなマイナス。人生にとっても機会損失は大きなマイナスです。

本来であればその子が経験できたものを大人が奪うという機会損失。私はこれをなくしたい。その子の能力を最大限に伸ばすような保育環境を作るのが大切なのです。

子どもの能力は遺伝3割、環境7割

「才能がある」「あの子は優秀」という言葉をよく耳にします。

才能や能力は、その子が最初から持って生まれたものだと思っていませんか?

実は、子どもの能力は、遺伝の影響が3割くらいで、残り約7割は生活環境で決まるといわれています。親からの遺伝というのももちろん要因の1つではありますが、それがメインではないのです。子どものころの生活環境によって、能力は大きく変わっていきます。

たとえば、引きこもりは「現象」と呼ばれ、病気ではありません。引きこもりの原因となった環境を一つ一つつぶしていってあげて、環境を変えてあげることで、その子が変わっていくのです。環境を変えて引きこもりから脱出させることはできても、病気ではないので医者が治すことはできません。

先天的な障がいがあったとしても、生活環境を整えてあげることによって、改善されていくこともあるのです。

私が経営している認可外保育園は特色ある教育を打ち出していますが、重視しているのは教育カリキュラムではありません。

注力しているのは「その子が成長する環境を整えてあげること」。

親は仕事で忙しい。今は兄弟姉妹も少ない。

家庭に代わって、いかに子どもが成長できる環境を整えてあげられるか。保育園が果たすべき社会的役割は大きいのです。

認可外なら「飛び級」できる環境が作れる

長く日本代表の中心選手だったサッカーの遠藤保仁選手は、3兄弟の末っ子です。上の2人の兄もサッカー選手でした。元メジャーリーガーのイチロー選手も次男です。一流スポーツ選手には「兄や姉がやっていたので自分も始めた」という理由でその競技にのめり込んでいったケースがたくさんあります。

下の子は、自分よりレベルの高い兄や姉の姿を見ても「自分だって同じ。だから、できなきゃおかしい」といい意味で勘違いして成長していきます。

近くにお手本がいること、これが兄弟がいる大きなメリットでもあるのです。

私の認可外保育園では、これと同じような環境を作るようにしています。

それは「飛び級」です。

年少でも、できる子は年中や年長と同じことをさせています。

学ぶの語源は「真似（まね）ぶ」だといわれています。

自分よりできる人がそばにいる環境。あるいは、自分ができる側なら、できない人に教えてあげられる環境。こうしものを作ってあげることが子どもの成長を促します。


「自分なんかムリ」と思ったことができる確率は約30％。

「自分ならできるかも」と思ってできる確率は70～80％。

「自分はできる」と思ってできる確率は１００％。

そして「自分ができなきゃおかしい」と思う領域は１２０％の能力が出るといわれています。

子どもが「自分ができなきゃおかしい」と思える環境を整えること。これが保育園の環境作りで大切なのです。

たとえば、逆立ち。最初は「できない」と言っている子どもはできません。しかし、みんなができるようになっていくと、「オレでもできるんじゃね？」と思うようになってきます。そして、1回できると、「なんだ、オレでもできるじゃん」と自信になるのです。

すると、次には逆立ち歩きもできるようになります。いっぱい成功体験を重ねて、どんな壁にぶつかっても「オレ、できなきゃおかしくね？」というマインドに持てるような環境を作っているのです。

できないことにチャレンジして、できるようになるというマインドを養えば、困難にぶつかっても、「オレはこれがしたい」「私ができなきゃおかしいんだ」と思えるようになります。そうした成功体験を味わってもらうのです。

こうしたことは認可保育園でもできますが、多くの保護者がそこまで求めているかといえば、多数派ではないでしょう。

こうした特色の強い教育をやるなら認可外でやるしかない。高い保育料を介しているからこそ、私たちは高い熱量でアプローチできて、保護者も高い熱量で質の高い保育を要望します。お互いの共通理解と覚悟のうえで、運営していけるのです。

お父さんとお母さんは自分でやらない分、働いてお金でアプローチしてくれる。私らはお金をもらう分、環境でアプローチする。その結果が子どもの成長につながるのです。

悲しいことに、保育園時代に身につけた能力の多くは、小学校に上がると消えていってしまいます。なぜなら小学校では「そんなことは教えていないからやってはダメだよ」「教えたやり方と違うよ」と言われてしまうからです。

「自分はできるのに、やっちゃだめなのか……」という気持ちになって、成功体験が薄れていきます。せっかく身につけた「できる」というマインドをどんどん忘れていくのです。そのうちできなくなって、能力が消えていきます。

私が小学生向けの児童クラブも経営しているのは、そうならないようにするためです。保育園で培った能力を小学校に上がっても伸ばしていく環境を整えたのです。

０歳児から小学生まで、一貫して能力を伸ばしていける環境作りが私の目指すところです。

自園調理で食育にこだわりを持つ

子どもたちの成長にとって「食」も大事な要素です。

朝から夕方まで子どもたちを預かる保育園では、給食を出します。

小規模認可保育園は自園調理が義務です。

認可外は自園調理は義務ではありません。お弁当でも給食センターからとる給食でも自由です。

私が経営している認可外保育園では、食材にこだわっています。

まず、お米は新潟県長岡市の農家から直接買い付けています。これは、農薬と化学肥料を通常より５割以上低減した新潟県認証の特別栽培米です。新潟の認可園でもこのお米を使っています。

みそは長野、納豆は京都からこだわりのものをそれぞれとり寄せています。

一方、小規模認可保育園の給食費は保育料に含まれています。保護者から追加で給食費をとるわけにはいかないので、食材にこだわるといっても限界があります。それでも、私の園では、安心できる地元の農家からお米を仕入れるて地産地消にとり組むなど、知恵を絞っています。

私は保育園を経営してみて、食育の難しさを痛感されられました。

「家で与えていないものは、保育園で与えないでくれ」と言う保護者がいる一方で、「家ではなかなかあげられないようなものを保育園であげてほしい」と言う保護者もいます。

あるいは、食べたことのないものは口にしない子もいれば、なんでも口にする子もいます。

保育園として食育にとり組んでいるからといって、保護者に押し付けるわけにもいきません。ただでさえ仕事と子育ての両立に忙しいお母さんに「家庭でも食育にとり組んでください」とは言えません。

私は、バランスが大事だと思います。

だから、私の保育園では加工食品もうまく使うようにしています。

たとえばソーセージ。ソーセージは使いまわしがよく利く食品。焼いて良しゆでて良し。おかず1品プラスにもスープにも使えます。応用が利くので、メニューの幅が広がります。

ただ、「加工食品は食べさせたくない」と言う保護者もいますが、認可保育園の場合、個別の食事にまで対応できません。

多くの子どもたちは、家でお菓子や冷凍食品といった味が濃いのを散々食べています。昔と比べて子どもが外食する機会も増えました。このため、素材を生かした薄味の食品を子どもたちはまずいと認識します。自然素材のものばかり出していると、ただ食べなくなるだけです。

家でも食材にこだわっていて、お金を払ってでも食材にこだわる保育園に入れたいという保護者はごくわずかです。

現実的には、家では加工食品を子どもに食べさせている保護者が多い。

加工食品と自然素材のもの両方を織り交ぜつつ、子どもが普段食べなれているもので、かつ食べてもらいたいものを献立に反映させるようにしています。

万が一のために各種保険に加入しよう

子どもたちを預かっていると、けがや事故などが起きる可能性がゼロではありません。万が一のときのために入らなければならないのが保険です。

具体的には、「傷害保険」のほか、食中毒などが起きたときのための「生産物責任賠償保険」、施設の不備で事故が起きたときのための「施設賠償責任保険」などです。

ただ、法令上、保育園が預かっているときでも、子どもはあくまでも保護者の管理責任下にあります。これは意外と知られていません。だから、入園のときに説明するようにしましょう。

ケースバイケースですが、保育園内で起きたことだからといって、保育園が加入している保険を使うのが前提ではないのです。場合によっては、保護者が加入している保険を使っていただくこともあります。

保護者には、自分が加入している保険を見直してもらうことも大切です。結婚や出産を機会に、生命保険を見直すのが基本。しかし、ついそのままになってしまっている保護者もいます。自分がどんな保険に加入していて、子どもにはどのようなときに支払われるのか、今一度確認してもらうように保護者に伝えましょう。

ビデオカメラ設置が最強の保険

サッカーではＶＡＲ（ビデオ・アシスタント・レフリー）制度が普及してきました。プロ野球でも、ビデオ判定を要求するリクエスト制度が導入されています。柔道やレスリングなど、さまざまなスポーツでビデオ判定が導入されるようになりました。

私の保育園でも「ビデオ判定」をとり入れています。

万が一のときのために、全園にビデオカメラを設置しているのです。この録画を2週間程度保存しています。

保護者には「何かあったら映像を開示する」と話しています。園内は常にガラス張りです。

事故は起こしてはいけませんが、起きてしまう可能性はゼロではありません。

事故には何かしらの原因があります。悪条件が1つなら小さな事故ですみますが、大きな事故は悪条件が3つも4つも重なって起きます。園内の様子を録画しておけば、何がどのように起きたのかがわかります。

このビデオ判定は、私にとっての最大の保険です。映像を見れば、すべて明らかになるからです。

これは、責任逃れではありません。責任の所在を明らかにするためのものです。

ビデオカメラがあれば、園内で何があったのかを自分の目で確かめられるので保護者は安心です。

それが、保育士を守ることにもつながるのです。

ビデオカメラを設置している保育園は少ないと思います。公立ではほぼないでしょう。

私は、ビデオカメラの映像を法人本部の事務所で見られるようにしています。私は、経営しているすべての保育園の様子をリアルタイムで見られるのです。

それくらい園内の安全には気を配るべきだと思っています。

「お散歩カート」は絶対に使わない

保育士たちが4～5人の園児たちを「お散歩カート」に乗せて散歩しているのを目にしたことがあるで

しょう。微笑ましい光景です。

しかし、私の保育園ではお散歩カートを絶対に使いません。

なぜなら、保険の観点からすると、お散歩カートを使うメリットはないからです。むしろデメリットが大きいのです。


賠償責任保険の保険金の上限は「1人につき1億円、1事故につき1億円」です。

万が一、園児が乗ったお散歩カートが事故にあって、そこに乗っていた5人全員が死亡したらどうなるでしょうか？　1事故につき上限1億円です。1人1億円の計5億円ではありません。1億円を5で割って、1人2000万円が上限なのです。

これを考えると、子どもたちをお散歩カートに乗せて散歩する意味があるでしょうか？　私は、それはリスクでしかないと考えます。


それではなぜ、お散歩カートが普及しているのでしょうか？

保育士が楽だからです。お散歩カートなら、ぐずっている子や泣いている子も簡単にお散歩に連れて行けます。保育士はやさしいから全員連れて行ってあげたいと思ってしまうのです。しかし、散歩に行きたくもない子を強引に連れていくのは、大人のエゴではないでしょうか。

私は「ぐずって行きたがらない子がいれば連れていかなくていい」と保育士に伝えています。嫌がっている子どもを連れていくと、保育士はいつも以上に気を使うので、事故の原因になりかねません。子どもは行きたければ自分から「行く！」と言い出します。

事故はハッとした瞬間に起こります。どんなに保育士が気をつけていて過失がなくても、クルマに突っ込まれる可能性はゼロではありません。

ビデオカメラの設置やお散歩カート廃止など、一つ一つの積み重ねがリスクマネジメントになるのです。

保護者への安易な謝罪は火に油を注ぐだけ

トラブルが起きたとき、１人が１００％悪いということはほぼありません。50％と50％とは限りませんが、両者になんらかの原因があるものです。

一方的に怒ってきた人に対して、一方的に謝るという行為をしてしまうと、収拾がつかなくなってしまいます。怒っているほうが、怒った鉾の納め先がなくなるからです。

「すいませんじゃねえよ」

「謝ってすむ問題じゃねえ」

と、怒り続けるしかなくなるのです。

相手に罪悪感を与えないためにも、むやみに謝ってはいけません。

もちろん、迷惑かけたことに対しては謝罪します。しかし、起こったことに対しては事実関係を認めて、どう改善していくかという伝えなさいと保育士に言っています。

保護者は最初は怒っていても、けんかしたいわけではありません。きちんと説明されれば、「刀を抜いちゃったけど、納めておくね」となるわけです。

代表が入園面談しておくのが大きなリスクマネジメント

私のスケジュールとの兼ね合いがありますが、できるだけ入園時の保護者面談には自分も同席して三者形式でやるようにしています。そのために、自分が保育園に行く日になるべく面談を設定してもらうようにしています。

これも、リスクマネジメントの1つです。

保育園で何か事故があったとき、「理事を出せ！」という話になることがあります。

それなら、最初からお会いしておいて、コミュニケーションをとっておこうというわけです。あらかじめ、自分がどんな感じの人間かわかってもらっておいたほうが、何かトラブルがあったときに話が早いのです。

先ほど説明したように、面談では、子どもは保育園にいても保護者の管理責任下にあることを伝えます。

もし、保育士が原因のトラブルがあったとき、それがどういう状況だったのか、ビデオの映像などで事実関係を把握して、私たちに過失があればきちんと認めたうえで、保護者に寄り添った誠意ある対応をすることも説明します。

保護者は私のことを知らなければ、私を保育園で見かけても、単なる誰かのお父さんか、怪しいおじさんと認識するでしょう。

最初に会っておけば、私が経営トップだとわかります。

しかも、園児の帰り際に私が「また明日、元気に来てよ！」と手を振れば、そのときに親とのコミュニケーションもスムーズにとれます。

保育士から「保護者がすごいムリ言ってくるんですけど」と相談されることがあります。

私は一方的に保育士だけで対応しろとは言いません。「私たちも協力するから、保育士が現場でできることをやってくれればいいよ」と伝えます。保育士だけにやらせるのではなく、代表である私を含めて会社全体でアプローチしているという姿勢が、保育士の安心感を生むのです。

保護者のわがままだと思えることは、理屈か屁理屈の世界。聞いた相手が納得したら理屈で、納得できなかったら屁理屈。私にとって、これが物差しです。

保護者の要求を聞いてみると、私たちからすると「それは親がやるべきだよね」ということも多々あります。しかし、保護者の言っていることを聞いてあげて、一つ一つサポートしてあげて、誘導していくというやり方がベストです。

「それはちょっとうちの園じゃ対応できません」と、頭ごなしに言ったところで何も解決しません。

私の会社の柱は柔軟に動く。微動だにしない太い大黒柱がドンと支えているというよりも、細くてもしなやかで、震度7でも倒れないというイメージ。

私は「どんなムリを言われようが対応してみせる！」という意識でいます。

もしも子ども同士がけんかを始めたら？

あなたが男の子の父親なら、子どもと「戦いごっこ」をして遊んだことはありませんか？

男の子は、お父さんとの戦いごっこの楽しさに味をしめています。

大人が見ると、子ども同士がけんかしているように見えるシーンがあります。やられている子にとってもけんかかもしれません。

しかし、やっているほうはお父さんやお兄ちゃんとの戦いごっこの延長なのです。

園内でけんかしているようなシーンが見られたとき、その子のお父さんに「家でプロレスごっことかやっていませんか？」と聞くと、たいていやっています。ある子にとっては戦いごっこの延長でも、そういう遊びを家庭でしていない子にとってみれば「叩かれた」という表現になることも十分あることを保護者に伝えるようにしています。家庭の遊び方を少し気をつけてもらうようにアドバイスはしています。

子ども同士がけんかすると、やっつけたほうが怒られがちです。

しかし実際には、やられたほうが先に仕掛けているケースも多い。遊んでほしいからちょっかいを出す。

それに対して、うるさいので一発食らわせる。この一発が大きい。甘噛みとパンチのパワーバランスがとれていないのです。

保護者や保育士から見たらけんかかもしれませんが、けんかとして処理すると、「どちらも悪い」という喧嘩両成敗になりがちです。

しかし、私はどちらも悪くないという前提で仲裁に入ります。だから、けんかとして処理しません。手を出したほうにも、やられたほうにも、言い分があります。それを聞いてあげるだけでいいのです。

そもそも、私の保育園はどれも小規模なので、けんかのような状況はあまり生まれません。

ただ、３歳児クラスになると、子ども同士がライバルのような関係になることはあります。その場合は席替えして距離を離します。

防災・事故対応マニュアルを整える

私の保育園がある静岡県は太平洋に面しているので津波の危険があります。富士山もあるので、噴火があるかもしれません。いずれ南海トラフ地震が来るともいわれています。

新潟でも保育園を経営していますが、地震多発地帯です。

こうしたエリアで保育園を開くからには、物件選びのときから災害対策を常に意識しています。

保育園を経営するにあたって、防災マニュアルや事故対応マニュアルは作らなければなりません。災害時の地域の避難場所が指定されています。そこまでの避難ルートをどうするかといったことはあらかじめ決めておきましょう。

こうした防災マニュアルや事故対応マニュアルは認可をとるときに必要です。

インターネットで検索すれば、保育園のさまざまなマニュアルがヒットします。そうしたものを参考にして、その自治体や自分の園に合ったものを作るようにしましょう。

緊急連絡先は、責任順ではなく「出られる順」

私が保育園を運営して痛感させられたのは、従来型の「緊急連絡先」が機能しづらいということです。保護者の目線からすると、緊急連絡先は「責任順」です。

筆頭がお父さんで、次にお母さん、おじいちゃん、おばあちゃん。これが一般的な順番です。

「これって、もしかして電話に出られない順じゃない?」

緊急連絡先を見たとき、そんな疑問が頭に浮かびました。

そこで、園児の指に小さなとげが刺さったとき、緊急連絡マニュアル通り保護者に連絡しました。事故としては最小レベルですが、死亡事故と同じように連絡してみたのです。

本来、刺さったとげを抜くのは医療行為なので保育士はやってはいけません。ルール上では、刺さったままにしておかなければいけません。そのとげをどうするか、保護者に判断を仰ぐために緊急連絡先に連絡してみました。

まず、緊急連絡先筆頭のお父さんの会社に電話してみました。

会社の代表受付からお父さんが所属する部署につないでもらえましたが、お父さんは不在でした。これでタイムロスが10~15分です。

次にお母さんにも何回か電話しましたが、出ませんでした。

おじいちゃんも何回電話しても出ませんでした。

最後におばあちゃんに何回か電話したら、つながりました。しかし、おばあちゃんの反応は「あたしはわからんやん」。

私の予想通りでした。緊急連絡先が緊急時に対応できる順番になっていないのです。多くの人が社会的責務の順番だと思っているのです。

お母さんがワンオペで保育園とかかわっているのに、お父さんにつながっても「お母さんに聞かなければわからない」と言い出しそうです。

このときの経験を教訓に、私は入園のとき、「緊急連絡カードはあくまでも電話に出られる順です。電話に出られる最短ルートを書いてください。ここに名前を書く以上は全員が同じ判断をできるように常日ごろから会話してください。それが緊急時の最大のマニュアルです」と説明しています。

おばあちゃんが出たら、「病院に行って抜いてください」と言えるかどうかです。

小さなとげくらいなら人した問題ではありません。しかし、もし、園児が心肺停止状態になったときにはどうなるでしょうか？

蘇生措置をしないまま、救急車を呼んで待っているのか、それとも救急車が来るまでの間に蘇生措置をとるのか。とっさに判断しなければなりません。

万が一、園児に後遺症が残ったときの責任の所在にもかかわってきます。

だから、私は緊急連絡先には敏感なのです。

1分1秒を争う事態を想定すると、緊急連絡先は「出られる順」にすべきです。しかも、名前が書いてある以上、全員同じ責任を持ってほしいのです。

コラム◆子どもの「教養サロン」を作りたい

これから人工知能（AI）がさまざまなことを判断していく世の中になります。

しかし、AIの判断基準を作るのはあくまでも人間です。

善悪を判断して「自分はこう考える」と自己主張できる力はこれからますます必要になると思います。

私は、子どもたちに「自分が自分らしく、一番輝く自分を創造してもらいたい」と願っています。

「誰かになりたい」ではなく、自分が「最高に格好いい」「最高にかわいい」という状態を作ってもらいたい。それがどういう状態かは自分しか決められません。

私は女優のアンジェリーナ・ジョリーが女性の人間的美しさの最高到達点だと思っていますが、アンジーを目指すのは「自分以外の誰かになる」ことにほかなりません。アンジーがアンジーであるように、子どもたちには自分らしい大人になってほしいと思っています。

教養とは「教」えてもらったことを自ら「養」っていくこと。私は、自分らしさを追い求めていくことこそ、「教養」だと考えます。

見かけだけではありません。知識だけでもありません。「困っている人を見たら助けてあげられる」「魚をきれいに食べられる」といったことも教養の一部だと思います。

超一流のスポーツ選手が好例です。前代未聞の二刀流で大活躍している大リーガーの大谷翔平選手は、唯一無二の存在です。誰の真似もしていません。13大会連続世界一を達成したレスリングの吉田沙保里さんは、どんなに相手に研究されようが高速タックルをとことん磨き上げました。

自分が信じたものでずっと生き抜く力になるのが教養ではないでしょうか。

私は、自分自身の人生を自分自身で確立していく子どもを育てるような「教養サロン」を作りたいと考えています。

コラム◆ガールズ・ガッタ・スパ（Girls Gotta Spa）——女の子ならオシャレをしなさい

私が教養という言葉にたどり着いたのは「ガールズ・ガッタ・スパ」（Girls Gotta Spa）という場所でした。これは、ニューヨークのマンハッタンの外れにある施設です。

ガールズ・ガッタ・スパを訳すと「女の子ならオシャレをしなさい」。

子どもたちがメイクして、ネイルもして、ドレスを着て、リムジンを貸し切って、マンハッタンをパレードするガールズパーティーのようなものをガールズ・ガッタ・スパは主催しています。

私は、ニューヨークまで行って実際に見てきました。

世界的なテーマパークでも、同じようなサービスがあります。予約がいつもいっぱいなほど大人気です。しかし、あれは人気のキャラクターになりきるというものです。自分以外の誰かです。

私が求めているのは正反対。自分ではない誰かになるのではなく、自分自身を突き詰めるという行為です。

ガールズ・ガッタ・スパのようなサービスを日本でもできないか、私はマーケティング調査してみました。

世帯年収2000万円のお母さんたちを集めてグループディスカッションしたところ、休みの日には家族でオペラに行くと言うではありませんか。子育て中の家族がオペラに行くなんてはじめて知りました。

そういう人たちが1時間3万円払うのであれば、「その子がその子らしくなるための何か」がいいと話していました。

つまり教養です。

富裕層の人たちは、とっくの昔から子どもに教養を身につけさせるのが当たり前だったのです。

教養を身につけさせるような保育・教育を地方でも実践したいというのが私の思いです。

あとがき

「地元最強」と思ってもらえるように

地方の若者たちの多くは進学や就職のために都会へと出ていきます。

そのまま都会で成功をつかむ人もいれば、そうでない人もいます。

しかし、人生をトータルで考えると、それは一部の出来事にすぎません。最終的に自分の人生の目的を達成できればいいのです。


都会で勝とうが負けようが、「地元最強」と思ってもらえるようになってもらいたいと私は考えています。

都会で勝ったなら「都会で勝てるような教育を受けられた田舎は、自分にとって最強だ」と思ってもらいたい。

逆に、都会で勝てずに地元に戻ってきたとしても「やっぱり地元に戻ってきてよかった。地元最強だ」と再確認してもらいたい。

そのために必要なのは、地元の価値を高めること。

地域社会の活性化に役に立つためには、何をしたらいいのか？

そんな思いを抱いている人は少なくないでしょう。

私が考えたのは、教育と福祉、介護、医療です。これらは、未来の日本のために力を入れなければいけない分野です。私は、その中の福祉事業の一端を担うことにしました。

いつの時代も人口を増やすことでしか国は繁栄しません。人口増加はGDPを押し上げる大きな要因です。

これから人口が減っていく日本は下降トレンドが避けられません。


これから東京の不動産価値は崩壊していくでしょう。

日本の所得も崩壊していきます。

税金が上がり続けて、物価も上がり続けます。

今の年金制度が破綻するのは目に見えています。

そうなると当然、地方への移住や故郷へのUターンが今の比ではないくらい増えるでしょう。そこで終わりではなく、子孫になってもまた新しい時代を創造していくことになるはずです。

そうした未来に備えて、都会に負けないくらいの福祉の選択肢を用意できたらいいと思っています。

せめて地元というエリアの中だけでも、子どもが増えて、人口が増えて、心が豊かになっていくことに貢献したいと考えています。


都会に住み続けるか、それとも田舎に帰るか。

夫（または妻）が選択を迫られたとき、自分の地元が最強だということを妻（または夫）や子どもにアピールできるような魅力的な地元にしたいと思っています。

お金は残さず「人」だけ残す

私は、プラスマイナスゼロで死ぬと決めています。

稼いだお金を使い切らずに貯金を残して死ぬのは早死に。借金を返しきれずに死ぬのも早死に。

早死ににも遅死ににもならないように、資産ゼロ円で「オレ。、生きていてよかった、ハッピー。みんなありがとう」と死ねるように人生をメイクしています。


ただし、私はたった1つ、プラスで残せるものがあると考えています。

それが人材です。


私は美容室経営で、多くの若者を育ててきました。

美容室を譲渡した元社員は今、私が経営していたときよりも売上を伸ばしています。自分を超えていってくれることこそ、人材育成の喜びです。

２０１７年に始めた保育園経営ですが、20年後、30年後、そこで育った子どもたちがどんな大人になっているのでしょうか。

想像するだけでも胸が高鳴ります。

私は、卒園生から地元を活性化するような人材が出てほしいと期待しています。それこそ市長くらいは出てほしいと思っています。

本書を手にとったあなたは、保育園をすでに経営しているか、これから経営したいと考えていることでしょう。

今はまだ、保育園が不足していますが、このまま少子化が進めば、近い将来、淘汰の時代がやって来ます。

それでも勝ち抜ける保育園作りが求められているのです。

保育園経営に興味がある方に、繰り返し声を大にして言いたいのは「覚悟さえあれば、誰でもできる」ということです。

お金がなければ、貯めたり借りたりすればいいのです。

人脈がなければ、これから作ればいいのです。

ノウハウは本書で記しました。

私はこれまで、コンサルティングやオンラインサロンをやるといいと何度もすすめられました。

しかし、私の主張は「お金がなくても熱量があれば保育園経営ができる」。コンサルティングを受けたり、オンラインサロンに参加したりするのはお金がかかります。しかし、本を買うお金はたかが知れています。

だから、本の出版を選んだのです。

「保育園を経営したい！」

そんな熱意のある方に、ぜひとも一歩を踏み出してほしいと思っています。

人を育てる仕事は、本当にやりがいがあります。

あなたにも、ぜひ保育園を経営してほしいと願っています。

本書があなたの背中を押すことができたなら、これ以上のよろこびはありません。

２０２１年10月　篠田英也

【注意】

本書に記載されている制度や手続きについては、2021年11月現在の法律および条令に基づいているものです。

デザイン
金子　中

出版プロデュース
株式会社天才工場　吉田 浩

編集協力
潮凪洋介
山口慎治

［著者略歴］

篠田　英也（しのだ　ひでなり）

株式会社プラス代表取締役

1978年生まれ、静岡県出身。2016年12月～2021年4月現在で「ハッピー保育園」6園(静岡3園・新潟3園)、ハッピーアカデミー1ケ所、ハッピー児童クラブ2ケ所を、オリジナルの「キンダーマネージメント理論」を用いて開園、開所し運営している。美容業は全て売却し保育事業に専念。今後は地域の様々な環境に対応する福祉事業を提案し地域貢献につなげ、コンサルタント事業を含めた教育事業にも進出していく。

【ホームページ】
http://www.plus-child.com/our-company/

評判《ひょうばん》の保育園《ほいくえん》の
始《はじ》め方《かた》と経営改善術《けいえいかいぜんじゅつ》

発行日　2021年12月12日　第1版第1刷

著　者　篠田《しのだ》　英也《ひでなり》

発行者　斉藤　和邦
発行所　株式会社　秀和システム
〒135-0016
東京都江東区東陽2丁目4−2　新宮ビル2階
Tel 03-6264-3105（販売）Fax 03-6264-3094
印刷所　日経印刷株式会社　Printed in Japan

ISBN978-4-7980-6549-6 C0034